U0470847

资本超限积累问题研究

命题、路径、风险、对策

宋璐·著

RESEARCH ON CAPITAL ACCUMULATION BEYOND LIMITS

Proposition
Path
Risk
Countermeasure

时事出版社
北京

图书在版编目（CIP）数据

资本超限积累问题研究：命题、路径、风险、对策/宋璐著．
—北京：时事出版社，2021.6

ISBN 978-7-5195-0426-7

Ⅰ.①资… Ⅱ.①宋… Ⅲ.①资本积累—研究 Ⅳ.①F014.391

中国版本图书馆 CIP 数据核字（2021）第 088390 号

出版发行：时事出版社
地　　址：北京市海淀区彰化路 138 号西荣阁 B 座 G2 层
邮　　编：100097
发行热线：（010）88869831　88869832
传　　真：（010）88869875
电子邮箱：shishichubanshe@sina.com
网　　址：www.shishishe.com
印　　刷：北京良义印刷科技有限公司

开本：787×1092　1/16　印张：13　字数：187 千字
2021 年 6 月第 1 版　2021 年 6 月第 1 次印刷
定价：70.00 元

目　录

CONTENTS

绪 论

第一节 选题意义

16 世纪，人类社会逐步进入由资本生产方式主导的资本主义社会。在之后的 500 年，资本主义相继经历了商业资本主义、工业资本主义和金融资本主义的历史阶段。相较于以前的社会制度，资本主义制度代表了先进的生产力，创造了工业化、城市化、现代化的人类文明，如工业、信息革命，世界贸易的发展，交通、通信及信息技术的持续进步，覆盖全球的金融和货币体系，生产与生活模式的深刻变革，等等。但与此同时，资本主义国家对其他民族的野蛮掠夺、对劳动阶级的压榨、帝国主义殖民扩张、反复上演的经济危机等，又将贪婪、掠夺、血腥、动荡等满满地载入历史。

在经过两次世界大战、美苏冷战、苏联解体之后，资本主义制度统领世界。但是，世界并没有展现出和平与安定，旧有问题没有得到解决，新问题、新挑战却层出不穷，历史进程并未终止。经济危机发生更加频繁、社会贫富分化严重、投机赌博风潮日盛、发展中国家与发达国家的差距进一步拉大、战争风险加剧等，各种不稳定因素占据了我们的视野。2008 年美国爆发严重金融危机并迅速席卷全球，企业倒闭、银行破产、工人失业、经济衰退、社会动荡、政权更迭，世界陷入一片混乱。

西方主流经济学认为，市场中“看不见的手”能够最有效率地配置资源，以创造最大价值，市场通常能够自我调整达到均衡状态，因而政府应该让市场自由运作，尽量少干预甚至根本不用干预。这种主流理论提供了一个既简单又极具吸引力的框架，帮助人们思考经济理论和经济政策。然而，在现实中，这个框架并不能充分解释资本主义如何有效运转，市场也不会按照经济学教科书中设想的方式完美运作。老生常谈的“市场失灵”概念无助于分析资本主义面临的难题，也无助于提出合理的应对策略。西方主流经济学理论对经济危机进行就现象论现象的解释，以及开出所谓最优应对政策的药方，但从过去 10 年的实际情况来看，这些努力并没有让经济恢复健康，没有哪个发达经济体已经恢复正常或者相对稳定，发展前景仍然处于非常不确定之中。

西方主流经济学面对资本主义的现实处境，其理论缺乏解释力与说服力，资本主义陷入发展迷雾。面对种种困境，促使我们重新回到马克思主义政治经济学，从根本上认清与准确把握资本主义问题的实质。

第一，马克思揭示的资本的运动规律是解开资本主义社会秘密的钥匙。一方面，资本的运动极大地解放和发展了生产力，是人类告别传统走向现代的强大社会再造力量。“资产阶级在它不到一百年的阶级统治中所创造的生产力，比过去一切世代创造的全部生产力还要多，还要大。自然力的征服，机器的采用，化学在工业和农业中的应用，轮船的行驶，铁路的通行，电报的使用，整个大陆的开垦，河川的通航，仿佛用法术从地下呼唤出来的大量人口，——过去哪一个世纪料想到在社会劳动里蕴藏有这样的生产力呢?”①

但是另一方面，资本的运动却又表现在其盲目逐利性和无限扩张性，其力图将一切自然和社会都纳入资本逻辑，造成了所有“颠倒错乱”。“资本害怕没有利润或利润太少，就像自然界害怕真空一样。一旦有适当的利润，资本就胆大起来。如果有 10% 的利润，它就保证到

① ［德］马克思、恩格斯著，中共中央马克思恩格斯列宁斯大林著作编译局译：《马克思恩格斯选集》，第 1 卷，北京：人民出版社，1995 年第 2 版，第 277 页。

处被使用；有 20% 的利润，它就活跃起来；有 50% 的利润，它就铤而走险；为了 100% 的利润，它敢践踏一切人间法律；有 300% 的利润，它就敢犯任何罪行，甚至冒绞首的危险。如果动乱和纷争能带来利润，它就会鼓励动乱和纷争。”①

必须认识到，资本逻辑仍然是当今资本主义世界现实困境的根源。资本逻辑是指资本追求自身增值、利润最大化、企图无限积累的本性，是整个资本主义社会实践活动的内核。资本逻辑将满足人类真实需要的使用价值的生产降格为资本增值的手段，而把资本增值作为社会生产的唯一目的，并为此不断突破各种自然限制和社会限制，把社会生产和生活的所有方面都纳入增值逻辑之中。“生产过程只是为了赚钱而不可缺少的中间环节，只是为了赚钱而必须干的倒霉事”②。从商业资本主义、工业资本主义到金融资本主义，当代社会发生了巨大的变化，同马克思所描述的那个时代的资本主义相比呈现出诸多不同。然而，在令人眼花缭乱、形式各异的社会现实下，当代资本主义社会发展问题的根源依旧是资本逻辑，追求资本增值而吮吸、掠夺劳动的本质并没有改变。“资本追逐利润最大化的秉性、资本与资本的‘他者’之间的对立和资本永不遏止追求扩张的本能不因时代的变化而改变。”③ 所以，只有回到马克思主义政治经济学，并从资本主义社会发展的本源——“资本”和“资本逻辑”出发，才有可能找到种种难题的答案。

第二，在充分把握资本逻辑的基础上，马克思系统论证了资本积累理论并揭示了资本主义的历史发展规律。但是，当今世界资本主义还未灭亡的现实要求我们必须对其做出合理阐释，并对“资本主义万年论”予以回击，尝试对马克思的资本积累理论进行新的理论探索。资本积累是指剩余价值的资本化，体现为规模不断扩大的再生产过程。资本主义是通过资本积累来实现生产和经济发展的，资本积累及其内在矛盾运动

① ［德］马克思著，中共中央马克思恩格斯列宁斯大林著作编译局译：《资本论》，第三卷，北京：人民出版社，2004 年版，第 829 页。

② 同上书，第 67 页。

③ 张雄、鲁品越主编：《中国经济哲学评论——2006 · 资本哲学专辑》，北京：社会科学文献出版社，2007 年版，第 109 页。

推动了资本主义的前进与演变。马克思主义资本积累理论，在广义上包含了资本积累、扩大再生产以及资本主义发展趋势的分析。马克思采用从抽象到具体的论述方式，特别是通过阐明具体的规律，如相对过剩人口增加、工人工资相对下降、剥削率提高、一般利润率下降、经济危机周期出现等，从多角度论证了资本主义私有制日益成为生产力发展的桎梏，资本主义基本矛盾不断激化，终将导致经济、社会、政治的不稳定，深刻揭示了资本积累内在矛盾的发展以及资本主义制度的历史局限性和过渡性，做出“资产阶级自掘坟墓”以及资本主义终将灭亡的预言。

然而，在资本主义确立后的500多年，马克思关于资本主义灭亡的预言还没有实现，资本主义国家和资本主义制度依旧存在。这些情况要求我们必须结合理论与现实对此做出合理性解释，在此基础上还要对“资本主义万年论”“资本主义永恒论”做出有力的回击，从理论层面上对马克思的资本积累理论进行新的探索，使得马克思主义理论永葆生机活力。

第三，就我国而言，40 多年的改革开放，资本通过市场化运作的模式把中国带入了发展快车道，成功跃升为全球第二大经济体，对世界经济增长贡献率超过 30% 。但与此同时，资本盲目逐利所产生的风险越来越突出，积累引发了一系列经济与社会问题。在我国内部，由资本支配的市场经济进行财富创造和分配的过程带来了明显的贫富分化趋势；由资本积累产生的巨大能量有可能与权力联姻，从而影响甚至操纵政府决策；高速发展导致的资源枯竭与环境污染问题正越来越成为我国面临的社会经济发展瓶颈等。在我国外部，中国融入由资本主义制度主导的世界经济体系，在更加充分地利用国际资源与国际市场的同时，也使我国在一定程度上面临被国际资本掠夺、支配或转嫁危机的风险。这促使我们联系马克思主义资本积累理论，对中国的现实情况进行特别考察。

“发展是第一要务，安全是头等大事”，发展与安全两者都必须兼顾，不可偏废，不能松懈。距离 2008 年全球金融危机已过去 10 多年，根据经济危机的周期性规律，每相隔十年左右就会再次爆发经济危机，我们有充足的理由去审视国内国外经济社会的发展情况并做好应对准备。身处于资本主义主导的世界环境中，中国将扩大与深化开放作为国家发展战略，同时资本在我国也已经有了规模性积累，如何处理好资本与劳动的关系、市场经济体制与社会主义制度的关系、社会主义国家与资本主义国家的关系、发展中国家与发达国家的关系，从而促进稳定增长、实现持续发展，是我们一直探索的主题与艰巨任务。中国能取得今天的巨大成就得益于坚持“道路自信、理论自信、制度自信、文化自信”，探索出了一条适合中国国情的独具特色的“中国道路”。在摆脱了僵化的、封闭的“左”的教条主义之后，今天的中国必须从对资本主义的迷信、对新自由主义教条的迷信中走出来，我们应该坚定不移地走自己的路。因此深入研究资本逻辑、资本积累的路径以及对世界的影响，厘清资本无度扩张给国家安全带来的风险，从而探索未来的发展道路，显得尤为迫切与重要。

第二节　文献综述

马克思主义资本积累理论涵盖多方面、多领域的问题，限于篇幅，这一节将紧密围绕本书主题，综合国内外研究进展，对研究现状做以下综述。

一、马克思的资本积累理论

资本积累理论是马克思主义理论的重要组成部分。资本积累理论不仅限于《资本论》第一卷第七篇“资本的积累过程”，而是贯穿于《资本论》三卷。另外，马克思在长期研究政治经济学的过程中所形成的经济学手稿的相关内容，也同样属于资本积累理论。

在《资本论》第一卷，马克思首先研究了资本积累的内涵、过程、实质，以及资本积累的一般规律。马克思指出："把剩余价值当作资本使用，或者说，把剩余价值再转化为资本，叫做资本积累。"① "具体说来，积累就是资本以不断扩大的规模进行的再生产。"② 资本积累的过程，即资本人格化的资本家通过不断地无偿地占有工人的剩余劳动，并将这些剩余劳动再转化为资本，从而进行更大规模的生产，以占有更大量的剩余价值的过程。资本积累实质上表明了资本主义生产过程的连续性以及资本主义生产关系的再生产，是资本主义扩大再生产、保持经济发展的源动力，资本积累和资本主义生产的发展实际上是同一过程。"广义地说，一切涉及资本积累、扩大再生产和资本主义发展趋势的分析都属于积累理论的范围。"③

在研究资本积累运行机制的基础上，马克思在《资本论》第一卷第二十三章中考察了资本积累的一般规律，描绘出资本主义经济发展的长期趋势。概括起来，资本积累的一般规律主要有劳动生产率和社会机械化水平不断提高的趋势、资本积聚和集中的趋势、资本有机构成提高的趋势、相对过剩人口增多的趋势、相对工资下降和剥削率提高的趋势，等等。其中，尤为重要的有"资本有机构成提高"和"相对过剩人口增多"趋势。马克思认为，"资本有机构成提高"是资本积累的客观规律。资本积累是资本家扩大再生产、攫取更多剩余价值的手段，伴随着资本积累的不断推进，必然催生技术的改进和社会劳动生产率的提高，在实际生产中表现为生产资料的量比所需劳动的量的相对增多，从而在物质上体现为资本技术构成的提高，在价值上带来了不变资本同可变资本相比的相对增多④（即资本价值构成的提高），引起资本有机构成的不断提高。资本有机构成提高的另一面即是对劳动力需求的相对降

① ［德］马克思著，中共中央马克思恩格斯列宁斯大林著作编译局译：《资本论》，第一卷，北京：人民出版社，2004 年版，第 668 页。

② 同上书，第 671 页。

③ 高峰著：《资本积累理论与现代资本主义——理论的和实证的分析》，北京：社会科学文献出版社，2014 年版，第 4 页。

④ 社会劳动生产率的提高导致生产资料价值的下降，导致价值上不变资本相对可变资本增多的幅度要比物质上增多的幅度小得多，但是这并不影响资本价值构成的提高。

低，从而在资本积累不断推进的同时，也成比例地产生出过剩人口。“工人人口本身在生产出资本积累的同时，也以日益扩大的规模生产出使他们自身成为相对过剩人口的手段。这就是资本主义生产方式所特有的人口规律。”① 数量庞大的过剩人口组成可供资本支配的产业后备军，这些后备军创造出随时可供资本剥削的劳动力，同时也给已经就业的劳动者造成巨大压力，迫使已就业劳动者不得不参与竞争，或从事过度劳动，或服从资本的剥削，从而压低工资、提高实际剥削率。

在《资本论》第二卷，马克思将研究视角扩展到资本的流通领域，着重考察了包括生产过程和流通过程的资本的运动。资本采取不同形式（货币资本、生产资本、商品资本）在生产和流通过程中流转，以及资本的不同部分（流动资本、固定资本）以不同方式完成自身循环，都是资本积累的条件。在第三篇“社会总资本的再生产和流通”的第二十一章“积累和扩大再生产”中，马克思论述了扩大再生产图式，阐明社会总资本以交换为媒介进行自身循环与积累而必须遵循的比例要求。具体而言，在资本积累的前提下（即扩大再生产），两大部类之间必须用生产的剩余产品相互提供扩大再生产所需的追加资本，马克思经过计算得出结论，“Ⅰ（v + m）必须 = Ⅱc 加上再并入资本的那部分剩余产品，加上第Ⅱ部类扩大生产所必须的不变资本的追加部分；而第Ⅱ部类扩大生产的最低限度，就是第Ⅰ部类本身进行实际积累，即实际扩大生产所不可缺少的最低限度”。② 扩大再生产图式即是从资本流通领域说明资本积累均衡发展的条件，意思是说，若严格按照比例要求进行生产与交换，资本主义扩大再生产将一直继续下去，资本积累也将不断推进。但是，扩大再生产图式没有加入技术进步因素，同时现实中诸多困难与限制使得均衡条件几乎无法实现，完美的比例要求只是一种幻想，扩大再生产图式从另一侧面证明了在资本主义的生产方式下会不可避免地偏离均衡条件，根本无法确保资本积累平稳发展。

① ［德］马克思著，中共中央马克思恩格斯列宁斯大林著作编译局译：《资本论》，第一卷，北京：人民出版社，2004 年版，第 728 页。

② ［德］马克思著，中共中央马克思恩格斯列宁斯大林著作编译局译：《资本论》，第二卷，北京：人民出版社，2004 年版，第 583 页。

《资本论》第三卷考察资本主义生产的总过程，第十三章提出了利润率趋向下降的规律。一方面，可变资本相较于不变资本日益减少，使总资本的有机构成不断提高，由此导致“在劳动剥削程度不变甚至提高的情况下，剩余价值率会表现为一个不断下降的一般利润率”；[①] 另一方面，伴随着社会生产力的发展，资本积累不断进行，表现为所占有的剩余价值或绝对利润量的不断增加。一般利润率下降的趋势和绝对利润量的不断增加，这两方面看似矛盾，实则相互促进。利润率下降促使资本家更多地进行资本积累（绝对利润量增加），而资本积累（绝对利润量增加）又加深了利润率的下降趋势，由此，这两者是同一个过程的不同表现。另外，这一过程还会导致资本过剩，即利润率的下降已经不能由绝对利润量的增加来抵消，此时可能导致资本闲置，或者引发危机。

与整部《资本论》理论体系一致，马克思对资本积累理论的论述采取从抽象上升到具体的方式，通过阐明具体的规律，马克思向大众展示了资本主义扩大生产与价值增值之间的矛盾、资本主义生产手段和生产目的之间的矛盾、资本主义生产力和生产关系之间的矛盾，深刻揭示了资本积累内在矛盾的发展和资本主义制度的历史局限性。从而，马克思的资本积累理论成为无产阶级革命指导思想的重要理论来源，后人围绕该理论展开激烈讨论，进一步探索和发展了资本积累理论。

二、垄断与帝国主义

资本积累过程中的一个重要趋势是生产和资本的集中，通过对生产集中趋势、信用制度、股份公司等的分析，马克思预见了垄断以及金融资本的产生，但由于受限于所处时代，他并未对此做全面系统的论述。到 19 世纪末 20 世纪初，社会经济基础发生深刻变化，资本主义由自由竞争发展为垄断竞争、金融资本出现并占据主导地位、帝国主义政策泛

---

① ［德］马克思著、中共中央马克思恩格斯列宁斯大林著作编译局译：《资本论》，第三卷，北京：人民出版社，2004 年版，第 237 页。

滥等，一些学者围绕这些问题提出了自己的见解。

（一）鲁道夫·希法亭的“金融资本”理论

鲁道夫·希法亭敏锐洞察历史发展的新阶段，运用马克思主义理论对社会中出现的一系列变化做了较深刻的分析。在1910年出版的《金融资本——资本主义最新发展的研究》一书中，希法亭指出，垄断形成的原因是为了克服利润率平均化的障碍。随着资本主义的发展，资本有机构成提高，一般利润率下降，企业为了生存必然要求至少获得平均利润。然而，由于企业在固定资本上面投入很大，造成了资本自由转移和利润率平均化的障碍，从而便产生通过企业联合和垄断以阻止利润率下降的发展趋势。此外，希法亭认为，银行的促进也是垄断形成的一个重要外部原因。他指出，由于能够从企业联合和垄断中获得诸多好处，银行便积极推动企业的联合和建立垄断组织。在阐明银行和垄断组织相互促进的关系之后，希法亭为金融资本做出定义，即“由银行支配而由产业家运用的资本”[①]，首次系统性地探讨了金融资本在资本主义经济生活中的地位变化，他尤其强调银行对产业部门的支配，即金融部门在相当程度上支配了生产活动。最后，希法亭指出，金融资本的扩张必然导致帝国主义政策，暴力的殖民掠夺使帝国主义国家和殖民地之间的矛盾激化，引起被压迫民族的反抗和斗争。由于争夺新的投资场所和势力范围，帝国主义国家之间的武力冲突加剧。

（二）列宁的“帝国主义论”

列宁着眼于资本积累过程中资本主义经济内部的结构变化和性质变化，从资本集中形成垄断来说明帝国主义，从金融资本的统治来揭示帝国主义的经济根源。他在1916年出版的《帝国主义是资本主义的最高阶段》中指出，生产集中是垄断产生的最根本的原因，“集中发展到一定阶段，可以说就自然而然地走到垄断”。[②] 列宁对希法亭的金融资本理论进行了批判，他认为希法亭没有把生产集中引起垄断作为金融资本

---

① ［德］鲁道夫·希法亭著，福民等译：《金融资本》，北京：商务印书馆，1997年版，第253页。

② ［苏］列宁著，中共中央马克思恩格斯列宁斯大林著作编译局译：《列宁选集》，第2卷，北京：人民出版社，2012版，第585页。

产生的深刻原因揭示出来，他强调“这个定义不完全的地方，就在于它没有指出最重要的因素之一，即生产和资本的集中发展到了会导致而且已经导致垄断的高度”。[①] 列宁认为，资本主义生产领域中垄断的形成是金融资本产生的基础，“生产的集中；从集中生长起来的垄断；银行和工业日益融合或者说长合在一起——这就是金融资本产生的历史和这一概念的内容。”[②] 他提出金融资本的统治是帝国主义阶段的核心特征，金融资本以及在其基础上生长起来的上层建筑所产生的巨大力量，能够支配国家采取符合金融资本利益的政策。当国内的市场不再满足金融资本的扩张需要，资本主义国家就向国外谋取垄断利润，形成了各国“按资本”“按实力”在经济和政治上瓜分世界的国际局势。

（三）罗莎·卢森堡的资本积累理论

卢森堡以马克思再生产理论为中心，讨论了资本积累和扩大再生产问题。她指出，一旦将资本有机构成提高这一因素纳入马克思的再生产图式，剩余价值的实现就会发生困难。她认为，要实现生产资料和消费资料两部类的全部剩余价值，必须要有在两部类以外的具有支付能力的需求，即全部剩余价值只有通过出售给资本主义体系外部的消费者才能实现。因此，卢森堡得出结论，必须要有非资本主义的第三市场作为实现剩余价值的市场、部分生产资料的供应来源和劳动力的后备源泉，资本主义才能够生存和发展，资本积累才能够持续进行。卢森堡用该资本积累理论来说明资本主义国家不断向外扩张、争夺殖民地、抢夺生产资料等现实，这个扩张过程不断地把非资本主义的国家和居民阶层卷入到资本主义势力范围中，使之成为资本主义经济的一部分。当全部非资本主义领域并入资本主义体系时，一个封闭的资本主义形成，资本主义的积累和扩大再生产就无法进行，资本主义体系也将自动崩溃。[③] 在此基础上，卢森堡提出了帝国主义的定义：“帝国主义是一个政治名词，用

---

① ［苏］列宁著，中共中央马克思恩格斯列宁斯大林著作编译局译：《列宁选集》，第2卷，北京：人民出版社，2012版，第612页。

② 同上书，第613页。

③ ［德］罗莎·卢森堡著，柴金如等译：《资本积累——一个反批判》，载卢森堡、布哈林《帝国主义与资本积累》，黑龙江：黑龙江人民出版社，1982年版，第65页。

来表达在争夺尚未被侵占的非资本主义环境的竞争中所进行的资本积累。”① 综上，卢森堡提出了资本主义与非资本主义环境之间的相互关系问题以及帝国主义的历史必然性问题，其贡献非常值得肯定。但是，她的资本积累理论得出的结论是资本主义的“自动崩溃论”，这一点与马克思主义所倡导的通过无产阶级革命推翻资产阶级统治的思想有质的区别；与此同时，卢森堡忽略了资本主义可以克服一些矛盾来为资本积累提供扩大的需求和新的市场，而将问题的解决完全归结于非资本主义市场的开拓。

三、经济危机

经济危机的产生根源和趋势是资本积累理论中的重要问题。马克思对经济危机的分析散见于《资本论》和经济学手稿的许多章节，他对于经济危机的产生根源有多种表述。第一，马克思指出，在商品流通中蕴含着发生危机的可能。在直接交换（比如用牛和玉米进行交换）的情景下，卖就意味着买，买就意味着卖，买卖对于交易的双方是同时发生的。而随着商品经济的出现，货币发挥流通手段职能，一方面扩大了交换的范围、扩充了市场，另一方面造成买卖的分离，若有人只卖不买，将导致整个市场上有些商品无法全部售出，就蕴含着危机的可能性。第二，信用的过度膨胀容易引发危机。应社会化大生产的要求建立起资本主义信用制度，在经济繁荣时需求旺盛、市场活跃、信用扩张，宽松的信用关系推高了经济热度，而当经济出现下滑，市场上“现金为王”，无法相互抵销的债权债务要求现金支付，一旦支付链条断裂，极易爆发危机。第三，资本主义生产方式以资本增值作为目标，不顾及消费能力的限制，此种生产方式本身具有过度生产的倾向。从而，生产过剩、资本过剩、商品过剩的发生是资本主义特定生产规律下的产物，是资本主义生产方式内在矛盾的外部表现，因此导致经济危机也就不足为

① ［德］罗莎·卢森堡著，彭尘舜、吴纪先译：《资本积累论》，北京：生活·读书·新知三联书店，1959 年版，第 359 页。

奇了。第四，马克思在论述资本积累的一般利润率下降趋势时指出，“就总资本的增殖率，即利润率，是资本主义生产的刺激（因为资本的增殖是资本主义生产的唯一目的）来说，利润率的下降会延缓新的独立资本的形成，从而表现为对资本主义生产过程发展的威胁；利润率的下降在促进人口过剩的同时，还促进生产过剩、投机、危机和资本过剩。”① 简言之，一般利润率趋于下降的趋势，可能引发经济、政治、社会不稳定，推升危机的发生。

由于马克思在经济危机原因上的多种表述，后人就该问题一直存在着激烈的争论，马克思主义对经济危机的三种常见解读为“比例失调论”“消费不足论”和“利润率下降趋势论”。20 世纪初至 30 年代，“比例失调论”占据马克思主义危机理论的主流，其代表人物有杜冈 - 巴拉诺夫斯基、希法亭、布哈林等，他们强调资本主义生产的无组织状态和比例失调是周期性经济危机的基本原因。杜冈称，“假如生产组织得有条不紊，假如市场充分了解需求并且主宰生产的按比例安排劳动和资本从一个工业部门向另一个工业部门的自由转移，那么，无论消费怎样低，商品的供给也不会超过需求。可是，在国民生产毫无组织、商品市场处于无政府状态的情况下，资本的积累必然要导致危机。”② 希法亭认为，商品经济本身就是无政府状态，一旦均衡被破坏，危机就可能出现。

直到 20 世纪 40 年代，保罗 · 斯威齐对这种主流观点提出挑战，他强调危机的根源在于资本主义剥削制度所造成的消费不足和实现困难。保罗 · 斯威齐认为，由于消费增长率与生产资料增长率之比逐渐下降，而消费品产量增长率与生产资料增长率之比接近于稳定，所以存在一种消费增长落后于消费品产量增长的固有趋势，成为危机发生的根源。③

① ［德］马克思著，中共中央马克思恩格斯列宁斯大林著作编译局译：《资本论》，第三卷，北京：人民出版社，2004 年版，第 270 页。

② ［俄］杜冈 - 巴拉诺夫斯基著，张凡译：《周期性工业危机》，北京：商务印书馆，1982 年版，第 304 页。

③ ［美］保罗 · 斯威齐著，陈观烈、秦亚男译：《资本主义发展论——马克思主义政治经济学原理》，北京：商务印书馆，2017 年版，第 190—200 页。

这一派的主要代表人物还包括罗莎·卢森堡、布哈林。卢森堡的观点前面已经介绍过，在此不再赘述。布哈林坚持马克思的消费不足论，认为资本主义的根本矛盾是资本与劳动的内在关系，而非资本主义生产和外部市场之间的关系，具体体现为不加限制地扩大剩余价值的生产与广大劳动者的有限购买力之间的矛盾，消费不足将导致经济危机爆发。

随着20世纪70年代“滞胀”的出现和危机的深化，有越来越多的经济学家对消费不足论持批判态度，而把利润率下降问题提到首要位置，他们把资本有机构成和剩余价值率作为决定利润率的主要变量，用利润率下降规律来说明周期性经济危机和资本主义经济停滞时期。这些经济学家包括亨利克·格罗斯曼、埃里希·普雷瑟、大卫·耶菲、欧内斯特·曼德尔、安维尔·赛克等。例如，埃里希·普雷瑟认为，资本主义绝对危机将在资本家放弃生产时出现，一般利润率下降规律预示了资本主义生产方式终将灭亡的命运。格罗斯曼批评了前两种危机理论，而把利润率下降规律置于中心地位，他通过再生产模型发现，随着资本有机构成不断提高，最终由资本家消费的那部分剩余价值将完全消失，资本主义体系崩溃。曼德尔主张危机的多因素决定论，但十分强调利润率下降规律的作用，他还创造性地提出，资本主义历史及其内在矛盾和规律，可以通过六个独立却又相互联系的贯穿于资本主义生产方式的动力变量来解释，即总的资本有机构成、不变资本在固定资本和流动资本之间的划分、剩余价值率的变化、积累率的变化、资本周转时间的变化、两大部门之间的交换关系。他还提出利润率的波动是这一历史的地震仪，符合以资本增值为动力的生产方式的逻辑。①

四、资本积累过程中矛盾的协调

一些学者以独特的视角考察资本主义经济对资本积累过程中矛盾的

① ［比利时］厄尔奈斯特·曼德尔著，马清文译：《晚期资本主义》，黑龙江：黑龙江人民出版社，1983年版，第5页。

克服与协调，以此说明一定时期内资本积累的可持续性。

（一）大卫·哈维的“空间修复”理论

当代西方重要的左翼学者大卫·哈维的空间理论主要来源于马克思的资本积累理论、列宁和卢森堡的帝国主义理论以及列斐伏尔的空间生产理论。大卫·哈维空间理论的内容包括了空间生产的运行机制（“时间空间修复”）、空间生产的主要手段（“剥夺性积累”）和空间生产的严重后果（“阶级力量的重建”）。大卫·哈维认为，资本主义发生经济危机的根本原因是过度积累，当资本家所生产的剩余价值数量不断增加，却无法得到营利性的吸收时，就会导致价值贬值和丧失，从而产生经济危机。他运用“历史—地理唯物主义”分析了资本主义发展的全球地理问题，提出资本主义国家会将自身积累的危机与阶级矛盾转嫁到国外，即通过不同空间层面的转移来吸纳资本盈余的“空间修整”过程，并认为其理论填补了马克思主义空间问题的空白。同时，又强调了资本空间修复的暂时性，指出资本主义经济不可能消除危机，其原因在于解决过剩剩余价值的方法是为了制造更多的剩余价值。大卫·哈维同样认为资本最终的暴力毁灭是作为它自我持存的条件，给更高的社会生产方式留出空间。①

（二）调节学派的制度演变

针对资本积累过程中矛盾的协调以及长期增长的实现问题，有学者对资本积累理论引入了制度分析，形成了各国的“调节学派”，其中影响力最大、最具代表性的是法国的调节学派。法国的调节学派创立于1976年，代表人物有阿格利埃塔（M. Aglietta）、博耶（R. Boyer）和利比兹（A. Lipietz）等，该学派以马克思经济学为基础，吸收部分凯恩斯经济理论，对新古典经济学静态的均衡的分析方法展开批判。法国调节学派强调，由于信息不对称、外部性等原因，导致分散的、“有限理性”的微观主体之间普遍存在着对立和冲突，为了调节这些微观主体相互的冲突，形成了制度形式及其变迁，“制度形式”具有对微观主体的

① ［英］大卫·哈维著，张寅译：《资本的限度》，北京：中信出版社，2017年版，第25—31页。

行动进行调节，使其符合积累体制发展需要的作用。[①] 此外，还提出了“积累体制”“调节模式”“发展模式”和“危机分类”等概念，组成一个较完整的理论体系。

调节学派认为劳动过程和社会制度会影响利润率，从而某种积累体制必须要有相应的调节模式予以支撑，积累体制和调节模式之间的不协调会导致不稳定、危机以及宏观经济的衰退。[②] 通过对实际经济问题的经验性研究，调节学派指出，二战后至20世纪70年代之前可概括为“福特主义发展模式”，该模式以大量生产和大量消费为典型表现，而20世纪70年代的“滞胀”危机则预示着旧发展模式的结束和新发展模式的开始。在20世纪70年代后建立起“金融主导型发展模式”，该模式以金融业大发展大繁荣并占据主导地位为典型表现，2008年的金融危机实际上是金融主导型发展模式无法继续维持而产生的危机。他们指出，资本主义经济无法自我稳定，也无法在危机中自愈，但经济外的因素如制度、社会机构、政治、文化、习俗等，对资本主义具有调节作用。[③] 综上，调节学派旨在为资本主义的长期资本积累提供新的理论框架，其创造性地提出了一系列中观层面的概念来研究当代资本主义制度的复杂结构和具体运行机制，为深度认识当代资本主义经济制度的演变提供了重要的理论启示。

五、国内对资本积累理论的研究

国内关于资本积累理论的研究不多，高峰运用国内外的长期统计资料来检验积累过程中的趋势规律（包括资本有机构成理论、相对过剩人口理论和一般利润率下降趋势规律理论）在当代的有效性，其检验结果

① 吕守军：《抓住中间层次剖析当代资本主义——法国调节学派理论体系的演进》，《中国社会科学》，2015年第6期，第65页。

② Alain Lipietz, “Behind the Crisis: the Exhaustion of A Regime of Accumulation. A ‘regulation school’ perspective on some French empirical works”, Review of Radical Political Economics, 18 (1&2): 13 – 32.

③ B. Jessop, Regulation Theory and the Crisis of Capitalism, p. iv.

充分肯定了马克思经济学说的科学价值和强大的生命力。[①] 孟捷总结了三个资本积累的结构性矛盾：使用价值和价值的矛盾、劳动过程和价值增值过程的矛盾以及剩余价值生产与剩余价值实现之间的矛盾。他认为马克思把生产力的发展限定于提高既定产品的生产率，即工艺创新。但是，另一种发展生产力的形式是通过产品创新建立起满足新需要的新部门，在此过程中社会分工体系得到不断地扩大。[②] 骆桢认为对于经济增长和波动的研究必须要在资本积累的框架下进行，他以利润率为核心建模，通过利润率将制度因素以及各部分的影响联系在一起，分析其相互作用、内在矛盾和资本持续积累的条件，并运用于对中国经济的分析。[③]

国内学者就资本积累与经济危机的关系提出自己的见解。郑小霞认为现在西方主流经济学将金融危机归结为华尔街的贪婪、美联储监管缺位、金融衍生品的泛滥、透支消费的过度、新自由主义的盛行等，这种分析范式只是就现象论现象的直观解释。而应当将经济危机放置于整个资本积累逻辑的宏大历史洪流之中，借助于资本积累逻辑与经济危机的内在关联，来理解当代金融危机的形成原因及运行机制。[④] 袁丽提出全球化是受资本积累的逻辑驱动的。她指出资本为了获取最大限度的剩余价值，会冲破民族国家的界限，在全世界范围内自由流通。通过将一切都纳入到以等价交换为基本原则的市场经济体系中，充分利用市场逻辑来不公正地为自己谋取更多的利益。不仅如此，资本积累还通过控制国际货币基金组织、世界银行、世界贸易组织和跨国公司等国际性组织和机构，通过取得制定国际性程序与规则的主导权和操纵权建立一整套在其掌控下的谈判和协商机制，通过符合其意愿的共识和国家间合作的形

① 高峰著：《资本积累理论与现代资本主义》，北京：社会科学文献出版社，2014 年版，第 353 页。

② 孟捷：《马克思主义经济学的创造性转化》，北京：经济科学出版社，2001 年版，第 179 页。

③ 骆桢：《资本权力、利润率与资本积累的结构性矛盾》，成都：四川大学出版社，2016 年版，第 39 页。

④ 郑小霞：《资本扩张逻辑与经济危机的周期律》，《天府新论》，2009 年第 6 期，第 45 页。

式来进行。[①]

六、现有研究的局限

1. 马克思的资本积累理论包含了资本积累的一般运行机制以及资本主义经济运动的长期趋势，是后人深入研究资本积累理论的基石。由于马克思的资本积累理论还未完全展开，有一些地方的论述略微晦涩，加上在之后的100多年里资本主义的发展表现出新的特点，因此，我们非常有必要结合资本主义现实，将观察到的发展规律增加到资本积累理论中，对马克思的资本积累理论进行新的探索。国内外学者围绕马克思主义资本积累理论，对其进行了多方面的发展与创新，但是还没有学者结合资本主义的历史发展经验，从资本积累过程中所面临的限制与矛盾出发来研究在长期是如何一次次突破矛盾与限制以完成资本积累。而这种突破不完全是通过调整制度、文化、环境等影响资本积累的外部因素来进行，资本逻辑会力图寻求新的增值方式与途径，这一点未被深入系统地研究。

2. 大卫·哈维以地理学家的视角，运用“历史—地理唯物主义”分析了资本主义发展的全球地理问题，提出通过“空间修复”过程来缓解资本过度积累的难题，堪称填补了马克思主义空间问题的空白。然而，经过几百年曲折发展，资本主义的过度积累问题不可能仅只有“空间修复”的途径，大卫·哈维并未站在更高的层面对资本过度积累的问题进行整体的顶层的研究。

3. 调节学派以马克思主义政治经济学为基础，通过在宏观层面和微观层面中间加入中观层面维度，为资本主义寻求长期资本积累提供新的理论框架。该学派引入制度分析对实际经济问题进行了经验性研究，对战后资本主义世界的资本积累以及长期增长做了有益的探讨。但是，本书认为调节学派的观点存在两点问题：第一，调节学派第二代学者提出的“资本主义多样性”理论，认为资本主义向着不确定性的未来发展，

① 袁丽：《论经济全球化与资本扩张》，《海南师范大学学报》，2013年第1期，第47—51页。

这就导致其理论有可能陷入“资本主义未来发展趋势的不可知论”和“资本主义万年论”的陷阱，[①] 这与马克思主义的精神实质产生背离。第二，调节学派强调社会“制度”对资本积累起到支撑与调节作用是毋庸置疑的，但是弱化了反向的作用，即资本逻辑对制度形式的影响。事实上，在资本主义社会中，“资本”作为支配和统治一切的权力，塑造、作用、影响着中观层面与宏观层面，通常由于资本逻辑的需要进行制度调整。

4. 国外对资本积累理论的研究起步较早、成果丰富，但这些研究成果无法直接运用于中国的社会主义实践，需要我国学者结合实际，建立起符合中国发展需要的资本积累理论。改革开放以来，我国采取“社会主义制度”与“市场经济”的有机结合，发展动力和发展方向的有机结合，走出一条中国特色社会主义道路，并取得了举世瞩目的成就。利用资本的巨大动能来发展社会主义经济是经过实践检验的正确方向，但同时也要看到，我国现阶段面临的众多社会问题（我国学者对资本盲目逐利所产生的负面效应进行了多角度批判，例如金融危机、环境危机、道德危机、精神危机、房地产泡沫、贫富分化等）其根源也在于社会主义制度与市场经济的结合做得还不够好，还有改进的空间。因此，我们亟须学习与借鉴国外资本积累理论研究的丰富成果，将其与我国国情相结合，厘清资本盲目逐利给我国带来的安全风险，发展中国特色的资本积累理论，以指导我国实际。

第三节　研究设计

一、研究思路

马克思以一部《资本论》道出了资本的本质，资本体现为一种生

① 吕守军：《抓住中间层次剖析当代资本主义——法国调节学派理论体系的演进》，《中国社会科学》，2015 年第 6 期，第 76 页。

产关系，这使得资本不仅在物质领域，更是在人类生活的各个领域占据支配地位，其权力体现在它对现代社会的整体支配。资本主义社会以来，以资本逐利为唯一导向的资本逻辑是威胁社会健康发展的根源，资本企图无限积累的本性导致人与自然、人与人、人与社会的全面紧张关系，表现为生态、经济、政治、人的精神等各种危机，并随着时代发展有不断扩大、全面渗透的倾向，成为人类社会难以消除的痼疾。

资本主义经济与社会的发展与演变，是资本积累及其内在矛盾运动的结果。马克思资本积累理论通过阐释多项具体的资本主义经济规律，从多角度论证了资本主义私有制日益成为生产力发展的桎梏，资本主义基本矛盾不断激化，最终导致资本主义经济、社会、政治的不稳定，并走向其历史宿命。然而，在资本主义确立后的几百年时间里，马克思的预言还没有实现。现实情况是，在一段时期内，资本主义经济的一般利润率可能表现为上升趋势，社会生产力继续发展，这说明资本积累在不断“突破”内部和外部的矛盾、限制，逐步调整资本积累的模式，形成了新的积累动力。这种“突破”也已不单是通过最原始的物质生产过程对剩余价值的无偿占有，而是会寻求新的路径来超越资本自身的矛盾。例如，对剩余价值的追求会使得资本家极力缩短社会必要劳动时间以及延长剩余劳动时间，但是社会必要劳动时间不能够为零，否则的话既没有劳动，商品也没有价值，这即是资本自身的矛盾。不断寻求对资本自身矛盾的突破以追求增值，就会致使积累模式的改变。因此，我们首先要研究在寻求资本价值增值的过程中所产生的矛盾与限制，以此为突破口来探究突破矛盾与限制进行资本积累的路径。

资本主义虽然能够突破矛盾与限制进行“资本超限积累”，但是无法突破自身的“界限”。超限积累的同时是各种矛盾的进一步激化、累积、叠加，市场发展极度偏离正常轨道，安全风险一再积聚，结果只会导致更大规模的危机与动荡，资本主义终究无法超越“界限”，“资本主义万年论”“资本主义永恒论”更是无稽之谈，其历史局限性暴露无遗。因此，“资本超限积累”所产生的各类现实风险也是本书需要考察的内容。

二、研究方法

在研究过程中，本书采用了以下研究方法：

1. 历史唯物主义分析方法。本书从资本逻辑的客观性、资本内在和外在限制的客观性以及资本积累的客观性等角度揭示资本主义经济运行的客观性，旨在从宏大的资本积累历史过程及其必然趋势中揭示资本主义经济社会发展的本质。

2. 辩证唯物主义分析方法。辩证唯物法的运用贯穿于全书，本书以现实的社会经济作为辩证的主体，通过分析资本积累，既揭示了资本主义社会发展的内在动力，又揭示了社会经济发展的现实风险，从而实现历史过程与逻辑过程的内在统一。

3. 跨学科的综合研究方法。在介绍资本逻辑时，采用经济哲学层面的本质化研究，对复杂的社会现实本质进行透视，为资本企图无限增值提供批判工具；在探究资本的限制及积累路径时，本书在马克思主义政治经济学相关理论的基础上，对突破限制进行“资本超限积累”的路径进行推导并得出结论；在研究“资本超限积累”的现实表现以及我国面临的安全风险时，采用马克思主义政治经济学、西方经济学、金融学、经济史学、历史学、哲学、社会学、总体国家安全观等学科的研究方法进行综合分析。

4. 定性与定量相结合的分析方法。在研究资本的逻辑与“资本超限积累”的路径时，本书采用定性研究方法。在论述“资本超限积累”的现实表现及风险对策时，将会大量引用统计数据和分析图表以进行定量分析。

三、全书结构

本书具体结构安排如下。

绪论：包含选题意义、国内外研究现状及述评、研究设计。

第一章：“资本超限积累”。这一章提出了“资本超限积累”的概念，即资本的盲目逐利性与无限扩张性，推动其不断寻求突破资本积累矛盾与限制的路径，从而在更高层次内进行资本积累。通过分析在生产过程中资本积累所遇到的具体限制，以此为突破口来探究资本实现超限积累的路径。

第二章至第五章：“资本超限积累”的路径。“资本超限积累”的路径是指在不断寻求资本增值与积累的过程中对自身限制进行突破以形成超限积累的路径。在资本积累的早期，其路径主要是在物质生产过程中，通过科学技术与社会生产的结合，消解传统自然经济状态的社会简单生产，代之以商品经济和雇佣劳动为基础的社会扩大再生产，加大对剩余价值的剥夺。而随着经济发展，生产过程中矛盾、限制逐渐加深与增多，资本主义便寻求对资本积累限制进行突破的新的路径以完成“资本超限积累”。

第二章，通过研究资本主义的“中枢神经系统”——信用，来说明信用体系是突破生产各环节限制，形成“资本超限积累”的路径之一，即“时间突破”。第三章，基于罗莎·卢森堡、列宁和大卫·哈维对资本地理扩张的逻辑解释，研究了通过地理扩张实现“资本超限积累”的“空间突破”，其突破方式包括资本输出、商品输出和抢占重要生产资料。第四章，基于马克思、熊彼特、曼德尔、门施等经济学家对技术创新的阐述，研究了在资本积累陷入停滞的情况下，技术的基础创新对资本积累所产生的积极影响，即资本实现超限积累的“技术突破”。第五章，主要探讨了在资本主义基本制度下，其中观和微观制度的历史演变和发展规律，说明了制度创新对于构建新的资本积累模式所起到的引导和促进作用，即“资本超限积累”的“制度突破”。但是，这些突破路径仅仅能够在一段时期内实现“资本超限积累”，在每一种突破路径的反面，都面临着由突破路径本身所带来的一系列矛盾，充分说明了“资本超限积累”的历史局限性。

第六章：“资本超限积累”的现实表现及风险对策。本章以当代现实为背景，着重研究了“资本超限积累”突破路径在当代资本主义社会中的具体表现，“时间突破”具体表现为金融化，结合其他突破的“空间突破”在当代具体表现为新帝国主义，“制度突破”具体表现为新自由主义，以及贯穿于经济社会发展中的“技术突破”。在此基础上，本章结合实际案例、统计数据、学者评价，探讨了通过具体突破路径形成超限积累的同时，所造成的经济、政治、社会危机，并且指出其可能对整体国家安全构成威胁。从我国来看，我们绝不可忽视资本逻辑所带来的负面影响，国内外各类资本竞相角逐，资本无限扩张倾向显现，由此产生的各种问题给我国国家安全利益带来不同程度的威胁。在此基础上，本书指出要充分发挥社会主义制度的优越性，利用强大的代表社会共同利益的社会主义力量来引导、利用、驾驭、制约私人资本力量，以保证我国稳定繁荣发展，彰显中国智慧与中国方案。

四、创新之处

本书的特色与创新之处主要有：

1. 本书立足于马克思主义政治经济学，对马克思主义资本积累理论的发展做了尝试性探索。本书结合资本主义的发展实际，对资本积累理论中还未充分展开的部分进行了探究，通过对观察到的现象进行梳理、分析、抽象，尝试建立新的分析框架来揭示资本主义竭力寻求克服资本积累限制以求生存的发展规律，但最终却因其无法超越自身的“界限”而充分展现出其历史局限性。

2. 在充分把握资本逻辑的基础上，提出并论证了“资本超限积累”的概念。在资本积累的过程中会产生阻碍积累的矛盾或限制，资本逻辑寻求不断增值与无限积累，会力图跨越限制以形成“资本超限积累”。“资本超限积累”命题尝试对马克思“无限积累”原则进行相应的补充，对资本主义各类危机、各种乱象以及资本主义制度还未灭亡的现实做出合理阐释，对“资本主义永恒论”予以回击。

3. 以整体的全面的视角讨论了“资本超限积累”的路径。本书以资本积累过程中遇到的限制为突破口，以此探寻突破限制的方式——

“资本超限积累”的路径，包括利用信用体系进行的“时间突破”、通过地理扩张实现的“空间突破”、采用技术的基础创新形成的“技术突破”以及由制度调整构成的“制度突破”。并且结合当代背景，总结了资本主义遵循这些路径进行“资本超限积累”所形成的现实表现，提供另一种视角来分析资本主义世界。同时要认识到，资本最终无法超越自己的界限，其界限在于它的优越性最终不能在自己的结构中消化，“资本本身就是这种趋势的最大限制”。①

① ［德］马克思著，中共中央马克思恩格斯列宁斯大林著作编译局译：《马克思恩格斯全集》，第30卷，北京：人民出版社，1995年第2版，第390页。

第一章

资本超限积累

生产不是抽象的、永恒不变的，它由特定的社会历史条件所决定。不同的社会发展阶段，其生产方式不同，或者说，正是生产方式的不同划分了不同的社会发展阶段。“在一切社会形式中都有一种一定的生产决定其他一切生产的地位和影响，因而它的关系也决定其他一切关系的地位和影响。这是一种普照的光，它掩盖了一切其他色彩，改变着它们的特点。这是一种特殊的以太，它决定着它里面显露出来的一切存在的比重。”①

社会生产方式主要包括生产资料所有制和劳动方式（劳动者和生产资料的结合方式），从古至今依次经历了奴隶主所有制和奴隶占有制、封建主义所有制和土地出租制、资本家所有制和雇佣劳动制和以公有制为主体的社会主义制度。资本主义的社会生产是以生产资料的私有制为基础，通过雇佣劳动，即资本家与劳动者、资本与劳动的结合进行的。资本家利用其掌握的生产资料，通过支配出卖劳动力的工人进行生产，使得原预付价值（或货币）不仅在流通中得以保存，而且攫取了劳动工人创造的剩余价值，即 G－W－G′，这一过程使得价值转化为资本，此种生产形式成为资本主义社会的主流。

① ［德］马克思著，中共中央马克思恩格斯列宁斯大林著作编译局译：《马克思恩格斯全集》，第30卷，北京：人民出版社，1995年第2版，第48页。

第一节　“资本超限积累”概念的提出

资本主义制度确立至今已有500多年。始于16世纪的资本主义经济萌芽和原始积累，使得资产阶级开始登上历史舞台；1640年的英国资产阶级革命和1789年的法国大革命，标志着新兴资产阶级开始了政治统治；18世纪60年代后兴起的产业革命，奠定了资本主义经济的物质基础，从此资本主义成为世界经济中占据主导地位的生产方式和经济形态。20世纪以来，资本主义社会的发展与变化更加迅速，资本主义社会的生产组织形式、民众生活状况、经济调节机制、政治制度设计等均发生了巨大的变化。

资本积累是促使资本主义经济迅速发展的最基本的力量。资本积累的过程（即剩余价值不断再转化为资本，是扩大再生产的资本主义形式）与资本主义生产的发展实际上是同一的。长期来看，资本主义经济的发展与演变，是资本积累及其内在矛盾运动的结果。资本积累及其内部矛盾推动经济发展并不仅是量的增长过程，还包含着社会内部某些性质和结构的改变，综合起来就构成了资本主义经济的演变。①

在资本积累及其内在矛盾的推动下，资本主义经济逐步演变。经济结构出现明显调整，资本主义已进入金融资本主义阶段；经济全球化向纵深发展，为资本增值与积累开辟新天地；借鉴社会主义制度优越性，实施国家干预的次数明显增多；积极推行制度改革，进行自我完善与改良，等等。但是，尽管如此，资本主义的本质与矛盾从未改变。资本家占有生产资料与雇佣劳动结合的生产方式没有改变，社会化大生产与生产资料私有制之间的根本矛盾没有改变，剩余价值的生产与剩余价值的实现之间的矛盾没有改变。从而，本书将针对资本主义的根本矛盾未变

① 高峰著：《资本积累理论与现代资本主义》，北京：社会科学文献出版社，2014年版，第356页。

以及现代资本主义出现的新问题，以马克思主义政治经济理论为基础，对当代资本积累提出自己的见解。

一、为何提出“资本超限积累”的概念

（一）“资本超限积累”尝试对马克思“无限积累”原则进行补充，尝试对资本主义制度依然存在的现实做出回应

经济研究总是与同时期的社会现实密不可分。在马克思所处的时代，正值工业资本主义迅猛发展，但是工业无产阶级所遭受的无情压榨以及悲惨的生活状况，与欣欣向荣的资产阶级形成强烈反差。马克思认为，空想社会主义者和蒲鲁东主义者仅一味地描写与控诉工人阶级的苦难，却不曾对其背后的资本主义经济生产提出真正的科学分析。因此，马克思为自己设定的任务是研究资本主义体系内在的逻辑矛盾。

马克思主义政治经济学致力于揭示资本主义经济制度的历史局限性和过渡性，它以劳动价值理论和剩余价值理论为基础，力图说明资本主义经济矛盾和阶级矛盾在资本主义发展过程中的深化趋势。马克思在《共产党宣言》中写道，“随着大工业的发展，资产阶级赖以生存的生产和占有产品的基础本身也就从它的脚下被挖掉了。它首先生产的是它自身的掘墓人。资产阶级的灭亡和无产阶级的胜利是同样不可避免的。”[①] 随后的20年里，马克思对该结论进行论证，科学分析了资本主义的运行规律及其崩溃原理。《资本论》第一卷于1867年发表，后两卷由恩格斯将其遗留的手稿片段进行整理出版。马克思的《资本论》是一部资本主义经济的矛盾论，揭示了资本主义基本矛盾在各个方面的表现和结果。马克思在其中提出的一系列理论，表现出深邃的洞察力和前瞻性，它对于21世纪的意义丝毫不逊色于其在19世纪的影响。

对马克思来说，“资产阶级自掘坟墓”的核心机制类似于“无限积累原则”，即资本将不可逆转地不断积累，最终导致商品过剩、一般利

① ［德］马克思、恩格斯著，中共中央马克思恩格斯列宁斯大林著作编译局译：《共产党宣言》，北京：中央编译出版社，2018年版，第51页。

润率下降、经济危机、无产阶级的贫困与反抗等，这就是马克思预言资本主义终将灭亡的分析依据。[①] 具体而言，在长期，一般利润率的下降将遏制资本积累，有可能产生资本家之间的冲突及恶性竞争；劳动收入的相对降低、相对过剩人口增多以及资本收入在国民收入中的比重无限制地增长，演变成工人运动的导火索；生产过剩导致剩余价值的增加无法被市场吸收，爆发经济危机与资本价值丧失，等等。无论哪种情况，都威胁资本主义社会的经济均衡、社会和谐与政治稳定。

但是，我们也要看到，相对于在无限长时期里资产阶级的灭亡，在短期内，某特定历史时期（可能是几十年或者上百年）资本主义经济可能表现为积极局面，例如20世纪50—70年代就被称为二战后资本主义经济发展的“黄金二十年”。在资本主义确立后的几百年时间里，资本主义制度不断克服自身矛盾以求得生存并向前发展，马克思关于资本主义灭亡的预言还没有实现，资本主义国家和资本主义制度依旧存在。马克思的“无限积累原则”导致资产阶级自掘坟墓的理论观点，描述了长时期的资本主义发展趋势，表明了资本主义生产方式的历史局限性。但是，在一段时期内资本主义对自身矛盾的突破，有可能使得资本形成“超限积累”，“资本超限积累”是对资本主义还未灭亡的一种尝试性解释。

（二）“资本超限积累”是对资本主义各类危机、各种乱象的解读

与前资本主义时期相比，资本主义的生产方式极大地解放和发展了生产力，创造了工业化、城市化、现代化的人类文明，是人类告别传统走向现代的强大社会再造力量。但是，现代资本主义经济的发展和演变没有改变资本主义制度的性质，也不可能消除资本主义经济运行和资本积累过程中的矛盾，各种矛盾以新的形式表现出来，进一步加强了资本主义的不稳定性。资本主义国家经济危机发生更加频繁、社会贫富分化严重、投机赌博风潮日盛、社会矛盾尖锐、政治恶化极化现象突出、发展中国家与发达国家的差距进一步拉大、战争风险加剧等“反常现象”

① ［法］托马斯·皮凯蒂著，巴曙松、陈剑、余江、周大昕、李清彬、汤铎铎译：《21世纪资本论》，北京：中信出版社，2016年版，第231页。

充斥着我们的视野。

对资本主义乱象的解答，还应当从资本主义社会发展的本源出发。资本是资产阶级社会支配一切的经济权力。资本在生产总过程中相继采取货币资本、生产资本和商品资本的形态，不断进行循环与流通，其本质是为了创造并攫取剩余价值。简单来讲，资本就是能够在流通中保存下来并使自己增值的价值，其逐利性是与生俱来的。资本与生俱来的盲目逐利性和无限扩张性，将满足人类需要的使用价值的生产降格为资本增值的手段，而把资本的增值上升为社会生产的唯一目的，造成资本主义社会发展中的一切“颠倒错乱”。学者们总是对经济危机的产生原因争论不休，各执一词。但当我们透过现象，看到引发各类危机、各种乱象的直接原因其实是社会生产不断循环过程中（或者说资本积累过程中）所产生的内部矛盾，而产生内部矛盾的根本原因是资本盲目的、过度的逐利（或扩张、积累）倾向。不加引导与限制的资本过度逐利，带来发展的不可持续性以及社会关系的全面紧张，是资本主义社会以来人类身陷各种危机和发展困境的最终根源。

什么是“过度”？“度”怎样衡量？如果掌握了“度”，一切问题不就迎刃而解了？这些疑问是横在人们面前的难题，但似乎又很难确定“度”的界与值。因为随着社会向前发展、经济增长，人们每天都面对着不断刷新的世界，无法用具体的一条界线、一个数值、一个范围来表示“度”。今天的“度”与一年之后的“度”是不同的，资本主义刚刚萌芽时的“度”与当代资本的“度”更是不可同日而语。因此，用“资本过度积累”“资本无度扩张”“资本过度逐利”等词语来说明具体问题时，如果不恰当地解决“度”的问题，那么解释力会存在很大的局限。

二、“资本超限积累”的内涵

本书拟提出“资本超限积累”的概念来回应上述问题。资本家不会满足于单调的、重复的简单再生产，为了追求价值增值，他们会将产生的剩余价值转化为资本，利用更多的资本来增值，这即是资本积累。简言之，“资本积累是指把剩余价值当作资本使用，或者说，把剩余价值再转化为资本。”[①] 但是，资本积累不是在生产环节就能完成，而是包括所使用资本的价值保存过程、价值增值过程、价值实现过程。因此，一方面要尽量多地生产剩余价值，另一方面要不断地将剩余价值再转化为资本，资本积累过程表现为一个循环往复的无休止的运动。

然而，这种无休止追求价值增值并非是无限的，资本既有发展自身的倾向，也有着阻碍积累的倾向。“资本生产中包含着无限与有限、扩张与约束的双重力量，它规定了资本的存在和发展。”[②] 在资本积累过程中，每一个环节都会产生限制积累的因素，若想继续增值必须要克服矛盾、突破限制。马克思总结道：“资本作为财富一般形式——货币——的代表，是力图超越自己界限的一种无限制的和无止境的欲望。任何一种界限都是而且必然是对资本的限制。否则它就不再是资本即自我生产的货币了。资本作为资本创造的是一定的剩余价值，因为它不能一下子生出无限的剩余价值；然而它是创造更多剩余价值的不停地运动。剩余价值的量的界限，对资本来说，只是一种它力图不断克服和不断超越的自然限制即必然性。”[③] 一般来说，资本积累在一段时期增长缓慢或停滞，通常是一个生产过剩时期和矛盾激化时期，此时会导致空前紧张的资本关系和市场竞争，迫使资产阶级及其国家寻求突破路径，以恢复和提高利润率，重新加速资本积累。

“资本超限积累”是指在生产总过程中，资本通过价值保存、价值增值、价值实现的环节，不断循环增值，妄图进行无限积累。但是，在这一过程中会产生阻碍资本进一步积累的矛盾或限制，资本力争克服这些限制，以完成超限积累。资本的盲目逐利与无限扩张的本性是推动其

---

① ［德］马克思著，中共中央马克思恩格斯列宁斯大林著作编译局译：《资本论》，第一卷，北京：人民出版社，2004 年版，第 668 页。

② 程晓：“资本的时空界限及其历史意义”，复旦大学博士研究生学位论文，2013 年，第 45 页。

③ ［德］马克思著，中共中央马克思恩格斯列宁斯大林著作编译局译：《马克思恩格斯全集》，第 30 卷，北京：人民出版社，1995 年第 2 版，第 297 页。

不断寻求突破限制的内部动力，表现为资本在既定的限制内肆意膨胀，并同时寻求突破限制的路径，从而在更高层次的限制内积累。“资本超限积累”的作用主要包括：第一，通过对资本积累过程中的限制进行突破，有可能在一段时期内建立起新的积累模式，从而提高利润率，开启新一轮资本积累进程；第二，“资本超限积累”有可能帮助经济走出停滞、萧条，缓和经济社会中的各类矛盾，消除市场恶性竞争，带领经济进入复苏阶段；第三，“资本超限积累”使资本主义不断克服自身限制，调整经济结构，从危机与崩溃中重新恢复过来，维护资本主义生存基础。

自资本主义制度建立以来，“资本超限积累”一直在进行，其并非现代资本主义的特有产物，不同历史时期“资本超限积累”的差别仅仅体现为路径、手段、效果的不同。大体来看，早期资本主义可能通过较为原始、粗暴、直接的方式进行“资本超限积累”，而随着国家治理体系的不断完善、科技水平的提升、劳动者思想意识的觉醒，资本主义倾向于更为模糊、隐蔽与间接的方式。通过纵向梳理资本主义的发展历史，本书总结出实践“资本超限积累”通行的几条路径，将在后面几章中详细阐述。

“资本超限积累”实际上是一个不断克服限制，又不断产生限制的过程，在突破这一层限制实现超限积累后，又会产生更高层次的新的限制。这里的“限”不是不变的、僵化的限度，不是一个数值、一条红线、一个范围，而是具有动态的、变化的、发展的内涵。这个“限”是随着社会发展与资本积累不断变化、上升、递进的限制。既然不是具体的数值或红线，又有不断变化的动态性，那么该如何把握“资本超限积累”的“限”呢？

穷尽所有的限制是不太可能的，但我们能够遵照资本主义几百年来已有的历史经验来探寻“限”的规律与逻辑。本书认为，可以将资本积累过程中出现的限制分为“内部限制”与“外部限制”两种。所谓“内部限制”，是指在社会生产总过程中，由于资本自身的盲目增值运动，引起资本积累各环节出现的阻碍进一步积累的因素。“内部限制”

是起主导、决定性作用的限制，当资本突破了这一层次的内部限制，实现超限积累后，在更高的积累层次上依旧会遇到更高层次的由资本自身增值运动引发的限制，这种内生的约束力量是影响资本无限积累的最重要的因素。

所谓“外部限制”，是指资本积累过程中遇到的外部不利条件，从而导致对积累的制约与阻碍，包括制度因素、环境因素、社会因素、文化因素，等等。从反向来看，在资本主义社会，资本体现为一种生产关系，其在人类生产与生活的各个领域占据支配地位，是左右一切的经济权力，大多时候“外部”因素会根据资本增值需要而变化，服从于资本逻辑。因此，“外部”限制仅仅起到次要、辅助的阻碍作用。

第二节　资本积累的内部限制

马克思在《1857—1858 年经济学手稿》中提出了资本积累面临的限制，“这些必然的限制是：（1）必要劳动是活劳动能力的交换价值的界限，或产业人口的工资的界限；（2）剩余价值是剩余劳动时间的界限；就相对剩余劳动时间来说，是生产力发展的界限；（3）同样可以说，向货币的转化，交换价值本身，是生产的界限；换句话说，以价值为基础的交换，或以交换为基础的价值是生产的界限。这就是说：（4）同样又可以说，无非是使用价值的生产受交换价值的限制；换句话说，现实的财富必须采取一定的、与自身不同的形式，即不是绝对和自身同一的形式，才能成为生产的对象。”①

第一点的意思是，资本逻辑②客观上要求降低工人工资以减少可变资本支出，从而增加剩余劳动，提高相对剩余价值，但工资降低意味着

---

①［德］马克思著，中共中央马克思恩格斯列宁斯大林著作编译局译：《马克思恩格斯全集》，第 30 卷，北京：人民出版社，1995 年第 2 版，第 396 页。

② 资本逻辑是指资本追求自身增值、利润最大化、企图无限积累的本性，是整个资本主义社会实践活动的内核。

工人作为消费者的购买能力降低，这就造成剩余价值无法全部实现的困境。第二点的意思是，资本逻辑促使资本家改进技术以提高劳动生产率，从而减少必要劳动时间，增加剩余劳动时间。但是，生产力提高到极限，必要劳动时间无法明显减少，因此马克思强调“就相对剩余劳动时间来说，是生产力发展的界限”。第三点的意思是，货币在商品交换中充当一般等价物，扩大再生产的顺利进行有赖于在市场上将商品资本转化为货币资本，否则资本积累循环就无法继续。第四点的意思是，资本价值的增值是在生产使用价值的过程中完成的，因此要使资本积累循环往复进行，剩余价值在市场上得到实现后，必须要重新回到使用价值的生产中（也即剩余价值的生产）。

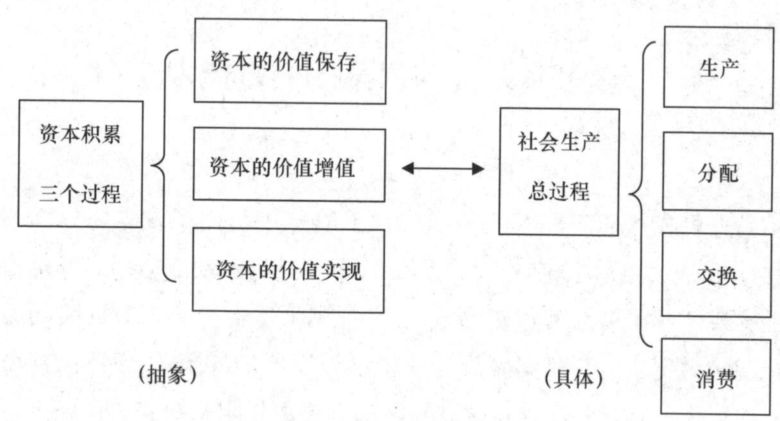

图1—1　资本积累过程与社会生产总过程的同一性

马克思提出的四条限制实际上属于本书划分的“内部限制”，他所概括的限制没有全面包含所有的内部限制，而是仅提炼出最重要的“四条”。马克思的概括为我们深入分析资本积累的限制提供了很好的框架与思路。因此，在充分理解与借鉴马克思研究思路的基础上，本书将对资本积累的“内部限制”进行重新梳理与归纳。综上所述，内部限制是在资本积累完整循环的三个过程中由于资本盲目增值的逻辑所造成的，然而资本积累的三个过程（即资本的价值保存过程、资本的价值增值过程、资本的价值实现过程）是对资本积累循环的高度概括，是抽象的，不利于具体分析和表述。同时我们看到，资本积累的三个过程与社会生产总过程是同一的，社会生产总过程是由相互联系、相互制约的生产、分配、交换、消费四个环节构成，资本参与社会总生产运动的循环，并在其中增值以完成资本积累，限制积累的各个因素就出现在生产总过程的四个环节中（图 1—1）。社会生产总过程是非常具体的，有利于分析的展开，鉴于此，本书将通过社会生产总过程的四个环节来考察资本积累的内部限制。

一、生产环节的限制

（一）工作日

在生产环节，资本逻辑体现为力图用不变资本吮吸尽可能多的剩余劳动，从而创造尽量多的剩余价值。资本家是人格化的资本，他的灵魂就是资本的灵魂。资本家用预付货币购买劳动力，劳动力的使用价值就归资本家所有。资本家会运用其权力，尽量延长工作日的劳动时间。

马克思在《资本论》中运用很大篇幅对 19 世纪资本主义工厂的情况进行了详细描述，据此我们可以窥见当时的资本家是如何无道德地、贪婪地榨取劳动者的工作。“有一位很可敬的工厂主对我说：如果你允许我每天只让工人多干 10 分钟的话，那你一年就把 1000 镑放进了我的口袋。”① “资本由于无限度地盲目追逐剩余劳动，像狼一般地贪求剩余劳动，不仅突破了工作日的道德极限，而且突破了工作日的纯粹身体的极限。它侵占人体的成长、发育和维持健康所需要的时间。它掠夺工人呼吸新鲜空气和接触阳光所需要的时间。它克扣吃饭时间，尽量把吃饭时间并入生产过程本身，因此对待工人就像对待单纯的生产资料那样，给他饭吃，就如同给锅炉加煤、给机器上油一样。”② 资本家极力压缩劳动者除工作外的各类时间，无度地延长工作日劳动时间，他们主导法

① ［德］马克思著，中共中央马克思恩格斯列宁斯大林著作编译局译：《资本论》，第一卷，北京：人民出版社，2004 年版，第 281 页。

② 同上书，第 306 页。

律条文或根本不受法律限制，很多情况下强迫工人昼夜生产，在当时造成了劳动者大范围生病、死亡等情况，也激发了劳动人民保护自身权利，争取正常工作日的斗争。

然而，对资本积累来讲有天然的限制，即工作日最多只有24小时，这个自然规律是延长劳动时间的极限。只有同时雇佣多名工人，增加许多空间并存的工作日，才能克服一个工作日所形成的自然界限。

（二）必要劳动时间

在一个工作日内的劳动时间分为必要劳动时间和剩余劳动时间两种。必要劳动时间，是生产维持劳动自身及其家庭生活所需要的生活资料的时间，是资本家支付的劳动力价值的等价物，通过这段时间的劳动来补偿付给劳动者的工资。剩余劳动时间，是工人超出必要劳动的工作时间，这段时间形成剩余价值。假如一个工作日内的劳动时间已经固定，那么其问题就变成了必要劳动时间和剩余劳动时间的比例。必要劳动时间越长，剩余劳动时间越短；反之，必要劳动时间越短，剩余劳动时间越长。追求剩余价值是资本生产的目的，资本家必定极力减少必要劳动时间，增加剩余劳动时间，以便创造更多的剩余劳动。因此，会通过改进技术、提高劳动强度的方法来增加剩余劳动时间，提高剩余价值率（剩余价值率=剩余劳动/必要劳动）。

但是，第一，必要劳动时间不能无限缩小至零，工作日的一定部分必须用来同对象化在工人身上的劳动相交换，如果必要劳动时间完全消失，剩余劳动时间也就不存在了，必要劳动与剩余劳动两者必须互相存在。第二，生产力越发达，必要劳动时间的减少就越困难。利用生产力不断提高来增加剩余劳动时间，但是剩余劳动时间（或剩余价值）并非按照生产力提高的比例来增加，与生产力发展相比，剩余劳动时间（或剩余价值）增加的比例越来越小。例如，假设必要劳动时间 = $\frac{1}{4}$工作日，剩余劳动时间 = $\frac{3}{4}$，生产力提高1倍，那么必要劳动时间减少到$\frac{1}{8}$，剩余劳动时间增加到$\frac{7}{8}$，剩余劳动时间的增加值就不是增加1

倍，而是增加 $\frac{1}{8}$。如果工作日中必要劳动时间为 $\frac{1}{1000}$，剩余劳动时间为 $\frac{999}{1000}$，生产力提高到 1000 倍，那么必要劳动时间减少到$\frac{1}{1000000}$，剩余劳动时间增加到$\frac{999999}{1000000}$，剩余劳动时间不是增加 1000 倍，而是增加$\frac{999}{1000000} < \frac{1}{1000}$。

有人会有疑问，生产力提高 1 倍，不就意味着同一劳动创造的产品量或使用价值量增加 1 倍吗？生产力提高 1000 倍，不就意味着同一劳动创造的产品量增加 1000 倍吗？为什么剩余价值不是按照生产力提高的比例来同比例增加？我们注意，产品量和产品价值是不同的概念，产品量增加 1 倍不等于产品价值增加 1 倍。产品价值是由社会必要劳动时间决定的，如果某一产品的社会生产力普遍提高 1 倍，产量增加 1 倍，那么每单个产品的价值是之前的$\frac{1}{2}$。例如，假设原来一个工作日生产 100 个产品，其中必要劳动时间占$\frac{1}{4}$生产 25 个，剩余劳动时间占$\frac{3}{4}$生产 75 个。现在生产力提高 1 倍，产量增加 1 倍，即一个工作日生产 200 个产品，其中必要劳动时间占$\frac{1}{8}$生产 25 个，剩余劳动时间占$\frac{7}{8}$生产 175 个。但是一个工作日的劳动时间没有变，产品总体价值没有改变，[①] 如果原来每一个产品价值为 1 元，生产力提高 1 倍后每一个产品价值为 0.5 元，因此剩余价值增加值 $=175\times0.5-75\times1=12.5$，必要劳动时间生产产品价值减少值 $=25\times1-25\times0.5=12.5$，即剩余价值的增加值等于必要劳动价值的减少值，剩余价值的增加是因为减少了必要劳动时间，增加了剩余劳动时间。

因此，剩余劳动时间（剩余价值）的增加只能是因为必要劳动时间的减少，在一个工作日内，剩余劳动时间只能在这个界限以内运动，用于必要劳动的部分越小，剩余劳动就越大。但是，当生产力已经足够

① 这里假定劳动时间为社会必要劳动时间，即生产力提高在全行业内实现。

发达，剩余劳动时间占比已经很大的时候，生产力不管怎样提高都越是不可能明显地减少必要劳动，资本的增值就越困难。“劳动时间的绝对增加变得不可能，而由生产力的提高造成的劳动时间的相对增加也会按几何级数递减。”[①] 因而，资本越发展，它创造出来的剩余劳动越多，它也就必然越要疯狂地发展生产力，哪怕是以很小的比例来增值剩余价值。但也因此成为阻碍资本无限增值的限制。

二、分配环节的限制

生产的社会性质只有通过分配的性质和方式才能反映出来，资本主义分配的性质必然是资本主义的。以资本家的身份参加生产，就以利润的方式参与分配；以工人的身份参加生产，就以工资的方式参与分配。资本家支付给工人的工资是其劳动力价值，“劳动力价值可以归结为一定量的生活资料的价值，它也随着这些生活资料的价值即生产这些生活资料所需要的劳动时间量的改变而改变”,[②] 劳动力价值的最低限度是维持身体所必不可少的生活资料的价值，因此劳动力的价值（或工资）是由更新、维持劳动力的必不可少的生活资料的价值决定的，是由生产这些生活资料的社会必要劳动时间决定的。

工人通过必要劳动来补偿可变资本价值，即在必要劳动时间内生产的价值等于劳动力的价值（或工资）。当然，资本的逐利本性，希望用最少的可变资本（或劳动力价值，或工资）来获取最多的利润，它会通过提高生产率，减少必要劳动时间，增加剩余劳动时间。随着社会上劳动生产率普遍提高，社会必要劳动时间降低，劳动力交换价值的增长受到限制，工资总水平有相对下降的趋势。这种趋势不是因为个别资本家的狡猾奸诈，而是资本的逐利性与生产高效率原则决定的。另一方面，不断地提高生产效率、扩大再生产，导致社会中生产和生活资料的

① ［德］马克思著，中共中央马克思恩格斯列宁斯大林著作编译局译：《马克思恩格斯全集》，第30卷，北京：人民出版社，1995年第2版，第309页。

② ［德］马克思著，中共中央马克思恩格斯列宁斯大林著作编译局译：《资本论》，第一卷，北京：人民出版社，2004年版，第200页。

总价值增多，工人工资的相对减少与产品的增多产生矛盾。“社会消费力既不是取决于绝对的生产力，也不是取决于绝对的消费力，而是取决于以对抗性的分配关系为基础的消费力。”①

资本家严格控制本企业员工的工资以降低成本，但同时又希望其他企业的员工在市场上拥有足够购买力来购买他们的产品。在他们看来，好像其他企业的工人仅仅是消费者而不是工人，“对于每一个资本家来说，除了他自己的工人以外，所有其他的工人都不是工人而是消费者；是交换价值（工资）即货币的所有者，他们用货币来换取资本家的商品。”② 资本家彼此的相互独立和漠不关心，促使他们存在这样的幻想，因此，资本家为获取更多的利润而努力控制工资，却成为对工人交换能力的限制。

三、交换环节的限制

（一）流通的问题

流通是整个社会总生产运动的必要条件，一次完整的生产过程，需要经历两次流通。第一次是生产出的产品要转化为货币 W－G，这个过程并不能创造价值，却是实现价值的必需。再一次是紧接着货币要购买生产资料和劳动力 G－W，准备进行剩余价值的再生产。“资本是否能在再生产行为中，在生产阶段上把自己确立为价值，只有通过流通才能得到证明。”③

首先，流通是商品资本实现价值的限制。在生产过程中，资本的价值增值完全取决于资本同活劳动的关系。生产结束之后，资本采取商品资本的形态，但它只是在观念上作为价格存在，不是作为价值本身而存

---

① ［德］马克思著，中共中央马克思恩格斯列宁斯大林著作编译局译：《资本论》，第三卷，北京：人民出版社，2004 年版，第 273 页。

② ［德］马克思著，中共中央马克思恩格斯列宁斯大林著作编译局译：《马克思恩格斯全集》，第 30 卷，北京：人民出版社，1995 年第 2 版，第 400 页。

③ ［德］马克思著，中共中央马克思恩格斯列宁斯大林著作编译局译：《马克思恩格斯全集》，第 31 卷，北京：人民出版社，1995 年第 2 版，第 37 页。

在，它必须进入简单流通过程，在交换中实现为一定的货币额。在流通中，产品是否都能够转化为货币 W－G，这涉及全部生产投入和产品（即所有价值）的补偿与实现，包括原料、机器、工具、劳动力的价值及新加入的剩余价值等。若生产过程无法顺利衔接流通过程，整个总生产运动也将陷入绝境。

其次，流通时间对资本积累的限制。资本的各组成部分停留在流通领域的时间越长，在生产领域执行职能的部分就越小，从而流通时间会限制资本的生产时间，也会限制它的价值增值。在资本周转的一定周期内，资本所创造的价值总额同劳动时间成正比，同流通时间成反比，流通的时间越长，资本周转次数越少，所创造的总价值也越少。在 W－G 的流通阶段，流通时间长短涉及运输方式、仓储、道路状况、交通工具等一系列问题，与社会发展、科技水平密切相关。在 G－W 的流通阶段，资本要转化成再生产所需的生产资料，但生产资料也许会取自远方市场，或者供给出现障碍、价格发生变动等，都会使这个阶段所耗费的时间延长。

此外，一些商品的使用价值是有时间期限的，如保质期，若商品没有依照其用途在既定时期内进入生产消费或个人消费，它们就会变质，商品中包含的价值都将丧失，资本无法再次进入生产过程完成更新与增值。“由商品体本身会变坏所决定的商品资本流通时间的界限，就是流通时间的这一部分或商品资本作为商品资本能够经过的流通时间的绝对界限。”① 或者虽然很多商品的使用价值没有时间界限，但是如果在很长时间内仍然无法被消费，那么此时市场上出现更新换代的替代商品，或生产率提高后生产出价值更低的产品，会使得之前的商品价值部分丧失或全部丧失，资本积累也就无法再继续。

（二）货币的问题

货币是充当一般等价物的特殊商品。每一环节都离不开货币的结算与支付，若某一环节的货币支付断裂，资本循环受阻，整个生产链条就

① ［德］马克思著，中共中央马克思恩格斯列宁斯大林著作编译局译：《资本论》，第二卷，北京：人民出版社，2004 年版，第 145 页。

会出现问题。

当扩大再生产源源不断生产出更多的剩余价值，就需要等值的货币进行支付，货币量能否满足就成为资本增值的限制。特别是在金属充当货币的时期，金属的量就成为制约因素。“作为新价值和价值本身，产品看来会遇到现有等价物的量的限制，首先是货币量的限制，但不是作为流通手段的货币，而是作为货币的货币。剩余价值需要有剩余等价物。”①

黄金总量与结构性不足是导致金本位制崩溃的一个原因。在放弃金本位制之后，黄金已经不再成为限制了。现代国家中央银行执行发行纸币的职能，每单位的货币价值不再等同于若干重量的黄金，纸币发行失去最重要的参照物。为了增加货币的流动性以满足剩余价值的实现，中央银行降低利率与存款准备金率，增发纸币，市场上供应的货币量超出实际需要。然而，这些行为极易引发通货膨胀，严重时导致经济危机。

（三）生产资料

劳动者、劳动资料和劳动对象构成劳动三要素。广义上讲，劳动资料不仅包括劳动者把自己的活动传导到劳动对象上去的物或物的综合体，劳动过程中所需要的一切物质条件也都属于劳动资料。生产资料包括劳动资料和劳动对象。所有产业都需要生产资料，然而生产资料中有一些是不可再生的或稀缺的，构成了对资本增值的限制。比如 IT 产业所需的硅、石墨、铟、钯、钴、锂等稀有原材料，是不可再生的资源，这些不可再生的稀缺资源数量是有限的，从而构成该产业生产资料的限制。② 特别是工业革命以来，各种产业迅猛发展，造成了资源大量消耗和对环境的破坏，面临资源枯竭与生态环境恶化的窘境，逐渐逼近生态底线。生态底线实际上是资源消耗的最高数量规定，这种源于自然禀赋的有限性构成了对产业发展的限制。

① ［德］马克思著，中共中央马克思恩格斯列宁斯大林著作编译局译：《马克思恩格斯全集》，第 30 卷，北京：人民出版社，1995 年第 2 版，第 384 页。

② 黎永红：《马克思的资本批判及其现实意义》，《社会科学》，2015 年第 12 期，第 37 页。

四、消费环节的限制

（一）天然的消费能力的限制

资本会受到天然的消费能力的限制。这里所指消费力的限制不同于消费者工资的限制。消费者工资的限制是由分配造成的，也许消费者还想消费更多的产品，但是没有相应的支付能力，只能满足较低的生活需要。这里的消费能力限制是天然的、质朴的能力限制。

某种产品只在一定的限度内才被需要，超过一定限度就不再被消费者需要了。例如，某人按照自己的需要和食量只能吃掉一定数量的粮食，过多的粮食供应超出他的身体需要，就无法被消费。这种限度一方面取决于产品的特殊性质、效用、功能，它们只是在一定程度内才被需要；另一方面取决于消费这种产品的总人数，因此对特定产品的天然消费能力的限度大体上等于每人的需求量乘以消费者人数，其本身不具有无限度性。因此，商品本身所包含的使用价值即含有某种限制，这种限制是由消费者的天然的总需要量来计量。当某种商品生产超过全部的需要量，那么商品资本就面临无法转化为货币再次进入资本增值的循环。

（二）产品过剩

产品过剩后的价值实现困难是限制资本积累的重要原因，在前面阐述其他限制时有所涉及，这里进行集中论述。资本追求价值增值，会通过各种方法减少必要劳动时间，增加剩余劳动时间，工人工资水平有相对下降的趋势，工人的相对交换能力因此降低。虽然剩余价值增加的比例比生产力要小得多，并且随着生产发展程度的提高，剩余价值增长的比例会降得更低，但是产品的数量却与生产力以相似的比例增加，这就与工人相对较低的购买能力产生矛盾，产品价值的实现困难因此增加。

产品过剩不是绝对的过剩，而是与消费者购买力相比的相对过剩。“生活资料和现有的人口相比不是生产得太多了。正好相反。……但是，要使劳动资料和生活资料作为按一定的利润率剥削工人的手段起作用，劳动资料和生活资料就周期地生产得太多了。要使商品中包含的价值和剩余价值能够在资本主义生产所决定的分配条件和消费关系下实现并再转化为新的资本，就是说，要使这个过程能够进行下去，不至于不断地发生爆炸，商品就生产得太多了。"[①] 于是，剩余价值的实现成为剩余劳动的核心问题，如果剩余价值实现不了，剩余劳动就失去意义。产品过剩不是工人生活真正不需要这些产品，而是相对于资本增值需要而言显得多余。

第三节　资本积累的外部限制

经济问题是复杂多面的，许多经济问题都会牵涉到社会问题，经济的发展必定受到社会因素的影响与制约。资本积累作为促使资本主义经济发展的最基本的力量，不仅要从经济过程内部予以理解，还必须将其与社会因素联系起来，这样才能合理、全面地做出阐释。从而，资本积累受到的限制不只包括由资本自身增值运动所产生的内部限制，还要考虑外部因素对其的影响。资本积累受到的外部限制，主要是指上层建筑对于资本积累的阻碍，包括制度因素、文化因素、环境因素，等等。

我们知道，经济基础对上层建筑起决定性作用，"物质生活的生产方式制约着整个社会生活、政治生活和精神生活的过程。不是人们的意识决定人们的存在，相反，是人们的社会存在决定人们的意识。"[②] 同时，上层建筑对经济基础具有反作用。恩格斯论述道，政治、法律、哲学、宗教、文学、艺术等上层建筑的发展以经济发展为基础，但是，它

---

① ［德］马克思著，中共中央马克思恩格斯列宁斯大林著作编译局译：《资本论》，第三卷，北京：人民出版社，2004 年版，第 287 页。

② ［德］马克思著，中共中央马克思恩格斯列宁斯大林著作编译局译：《马克思恩格斯选集》，第 2 卷，北京：人民出版社，1995 年第 2 版，第 32 页。

们不是消极的结果，而是相互影响并对经济基础产生反作用的因素。[①]当上层建筑符合经济基础的发展时，就表现为上层建筑对于经济发展的积极与促进作用；当上层建筑的发展没有跟上经济基础的变化时，就表现为上层建筑对于经济发展的阻碍与限制。

一、制度限制

20 世纪 70 年代出现的法国“调节学派”和美国“积累的社会结构学派”，将马克思的资本积累理论运用于不同的历史发展阶段，提出一种用于解释资本主义长期增长和萧条的理论。两个学派虽有各自的理论主张，然而它们共同的中心思想都是：在长期，资本积累过程受到社会制度的影响。积累的社会结构学派强调“积累的社会结构”会对资本家的投资意愿起到促进或者阻碍的作用，从而影响资本积累的进程以及资本主义经济的走向；调节学派认为“调节模式”的作用是在相应的制度形式中再生产出最基本的生产关系，使得人们遵循一定的行为规则，维持积累体制的稳定。调节学派的代表人物米歇尔·阿格利埃塔指出，作为上层建筑的制度对资本积累有很大的影响，它具有把各种具体的行为形态结合起来的效应，为市场行为提供稳定的预期和连贯的框架。[②]

然而，当制度不再适应资本积累时，就对资本积累产生了限制。例如，积累的社会结构学派认为，若“积累的社会结构”不稳定，资本家将不会对自己进行再生产所获利润率做出良好预期，以至于资本家不会将资本重新投入到资本主义生产过程中去，那么资本主义有可能会进入投资减少、产量下降、失业上升的萧条时期。法国调节学派认为，一定的制度形式和“调节模式”相互补充，形成了资本主义生产方式中特定的积累体制。当“调节模式”不适应积累体制，或者“调节模式”

---

① ［德］马克思著，中共中央马克思恩格斯列宁斯大林著作编译局译：《马克思恩格斯选集》，第 4 卷，北京：人民出版社，1995 年第 2 版，第 506 页。

② 贾根良：《法国调节学派制度与演化经济学概述》，《经济学动态》，2003 年第 9 期，第 57 页。

的不完善破坏了积累体制内部各变量之间的均衡关系时，资本积累过程就会出现周期性的经济危机或者结构性的经济危机。

总之，不适应或者不完善的“制度”会对资本积累的过程造成阻碍和制约。这里的“制度”是指中观和微观意义上的制度，并非宏观意义上的生产关系（即不是指资本主义制度或社会主义制度等宏观层次的制度，因为仍然在资本主义制度中研究资本积累）。

二、文化限制

文化植根于特定时代的经济发展状况，反映了特定条件下的社会经济和政治生活。在资本主义工业化初期，以“禁欲”为代表的文化成为当时资本主义发展的重要助力。在由封建社会向资本主义社会转变的过程中，资产阶级需要不断的资本积累和扩大再生产以最大限度地积蓄力量，才有可能摧毁封建主义。因此，新教伦理、清教徒精神、“禁欲”文化等意识形态对这一时期资本主义发展起到极大的促进作用。“禁欲”文化强调诚实、勤奋、节俭、庄重自持、守时、朴实、忠诚、努力等个人美德，鼓励忘我努力地工作、批判世俗的享乐主义和挥霍浪费习气。①

伴随着资本主义工业化的完成，大量商品被生产出来，资产阶级面临的主要问题不再是如何最大限度积攒力量的问题，而是如何把生产出来的商品销售出去的问题。正如马克思所指出的：“同资本主义以一种只有整个社会的绝对消费力才是自己的极限的方式发展生产力的生产趋势相比，一切现实危机的最终原因从来就是贫困和大众的有限消费。”②此时，“禁欲”文化和新教伦理便成为阻碍资本积累的消极因素。在“禁欲”文化里，大众对于商品使用价值的消费极易被满足，这种文化就与源源不绝生产出来的商品的价值实现相悖，因此，这种文化必须要

① 杨伯溆、李凌凌：《资本主义消费文化的演变、媒体的作用和全球化》，《新闻与传播研究》，2001 年第 1 期，第 37 页。

② ［德］马克思著，中共中央马克思恩格斯列宁斯大林著作编译局译：《马克思恩格斯全集》，第 25 卷，北京：人民出版社，1974 年第 1 版，第 260 页。

经过变革，以适应新的经济发展的需要。

这时，消费文化随之产生，消费成为资产阶级大力倡导的文化。通过广告以及其他方式，消费文化对商品原始的使用价值辅以新的意义和符号，这些新的意义和符号唤起人们内心的各种深层欲望，以此鼓励人们不断消费。消费文化强调享乐主义、外露张扬的生活方式和自恋的个性，其最根本的特征便是让大众不断地追求和消费各种各样的范围广大的商品。消费文化贴合了工业化之后资本主义的经济发展（或资本积累）需要。

以上两节分别列举了资本积累过程所遇到的内部限制和外部限制，这些限制与资本追求无限积累发生矛盾。这些限制是以何种途径被突破、被超越，而又不断产生的，将在后面几章进行阐述。

第四节 “资本超限积累”可能造成的消极影响

因资本逻辑追求无休止的价值增值运动，所以资本积累表现为一个不断克服矛盾、超越限制的过程。“资本超限积累”的积极方面就在于其促进资本主义社会生产力提高，推动经济向前发展，保持社会生存。那么这是否意味着资本积累已经克服自身界限，成为一个永恒、无限的过程呢？本节着重对“资本超限积累”可能造成的消极影响进行论述。

一、对生产总过程各环节限制的无序突破会产生更大混乱

资本积累不是在生产环节就能完成，资本价值增值之后，要通过分配、交换、消费各个环节使得价值得以实现，并重新进入生产。这些环节虽然相互独立，但也是联系在一起的一个整体。每一个环节的顺利进行都应具备相应的条件，且每个环节的顺利完成都是下个环节能够完成

的前提条件。理想化的社会生产模式是生产、分配、交换、消费四个环节经由协调的步奏、平滑的衔接、最优的比例，从而实现良性循环。这种理想化的形式确保生产能够充分满足社会发展的需求，既不会过剩，也不会缺乏，推动社会健康发展。

从本章第二节的分析得知，社会生产总过程的各环节都会产生阻碍资本积累的限制因素，但资本的本性不会因此止步不前，资本主义的生产方式决定了资本不顾生产总过程是统一的整体，竭力在各环节对限制进行突破，企图进行无限的资本积累，由此造成各个独立的环节之间出现更大的矛盾。

资本不仅仅在生产环节突破限制、提高生产，而是在生产总过程（或资本积累总过程）的每一个环节上，都会寻求对各类限制的突破。然而，资本对各环节限制的突破不是相继、有序进行的，而是随机、无序的。如果前一环节限制完成突破，会增大下个环节进行突破的压力，若下个环节无法突破，那么矛盾自然就会产生。这种情况下，更加剧了社会生产总过程的混乱无序，这种混乱不是简单的生产过剩与其他环节的矛盾，而是每个环节与其他环节都出现了矛盾。“联系在一起的一个整体的内在必然性，和这个整体作为各种互不相关的独立要素而存在，这已经是种种矛盾的基础。”①

二、资本过剩

马克思指出，随着资本主义生产的发展，长期而言，一般利润率有下降的趋势，即相较于不变资本，可变资本日益减少，总资本有机构成不断提高，从而导致剩余价值率表现为一个不断下降的一般利润率（在劳动剥削程度不变甚至提高的情况下）。

一般利润率下降与资本积累并非矛盾的、不可共存的关系，当总资本的增加比利润率的下降更快的时候，一方面表现为利润率不断下降的

① ［德］马克思著，中共中央马克思恩格斯列宁斯大林著作编译局译：《马克思恩格斯全集》，第30卷，北京：人民出版社，1995年第2版，第395页。

趋势；另一方面表现为所占有的剩余价值或利润的绝对量不断增加。更进一步，两者有可能表现为相互促进的关系。资本积累促使一般利润率下降，而一般利润率下降又迫使资本寻求对限制的突破，以形成超限积累。

当“资本超限积累”已经形成很大的规模，有可能产生资本过剩，即利润率的下降已经不能由利润量的增加来抵销。“就是说，只要增加以后的资本同增加以前的资本相比，只生产一样多甚至更少的剩余价值量，那么就会发生资本的绝对生产过剩；这就是说，增加以后的资本 C + ΔC 同增加 ΔC 以前的资本 C 相比，生产的利润不是更多，甚至更少了。”[①] 资本过剩有可能推动资本突破限制来寻求增值领域，重新开始新一轮的“资本超限积累”；有可能会导致资本闲置，表现为一部分资本闲置下来，另外一部分资本因受到闲置的压力而以较低的利润率来增值；也有可能引发资本主义生产过程的混乱、停滞、破坏、危机等。

三、经济危机

经济危机意味着扩大再生产的中断和积累过程的障碍，是资本积累过程内部矛盾的爆发和暂时解决。人们对资本主义周期性爆发经济危机的讨论、争论由来已久。马克思主义学派内部对危机也存在不同的看法。例如，杜冈－巴拉诺夫斯基、希法亭、布哈林等强调资本主义生产的无组织状态和比例失调是周期性经济危机的基本原因；罗莎·卢森堡把资本主义生产过剩看作一种常态，她认为在没有第三市场的情况下，剩余价值实现困难将导致资本主义经济危机；保罗·斯威齐、保罗·巴兰认为存在着消费增长落后于消费品产量增长的固有趋势，危机是由消费不足引起的；亨利克·格罗斯曼、大卫·耶菲、欧内斯特·曼德尔、安维尔·赛克则利用利润率下降来说明周期性的经济危机和经济停滞。

这些不同的危机理论均正确地论述了引发危机的某一方面原因，对

① ［德］马克思著，中共中央马克思恩格斯列宁斯大林著作编译局译：《资本论》，第三卷，北京：人民出版社，2004 年版，第 279 页。

我们理解资本主义、分析资本主义经济危机有重要意义。但是，本书无意于卷入经济危机的争论中，因为危机的形成是非常复杂、综合、整体的过程，并且每次危机的爆发原因、形成机制、表现形态也不尽相同，对所有危机采取一概而论的态度是不严谨的。

我们从资本主义的本源“资本”出发，可以看到，虽然“资本超限积累”并非直接引发危机的原因，但“资本超限积累”会造成引发危机的直接原因，例如资本过剩、生产过剩，生产四个环节之间出现步调紊乱、断裂、比例失调等，这些情况使得风险逐步累积、矛盾不断激化、循环产生脱节，推高危机爆发的概率。在“资本超限积累”与危机之间不是简单的线性关系，“资本超限积累”是在资本积累与危机之间大循环中的一个小循环，资本寻求超限积累，不断地经历突破限制、超限积累、又出现新的限制、再突破、再超限积累、再次出现新的限制，……虽然资本积累数量很大，但在此过程中也积累了巨大的矛盾，当矛盾无法再被突破，无法在这个模式下进一步积累时，可能就会引发危机，如图 1—2 所示。

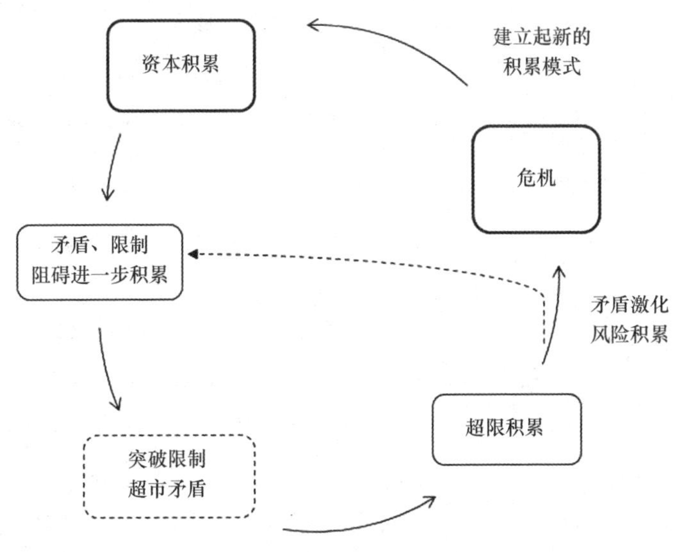

图 1—2 “资本超限积累”与经济危机

经济危机摧毁价值、强势纠正，将一切拉回到应有的轨道上。然而，这并不是终点，甚至危机也成为促进资本积累的一个要素，危机之后资本会重新开始新一轮的积累。此时的资本积累并非一模一样地重复过去，它已经处于更高的阶段，形成更高层次的超限积累。于是在进行超限积累的同时又是各种矛盾的进一步激化、累积，市场发展再次偏离正常轨道，各种风险积聚，其结果只会导致更大规模的危机与动荡，而非真正的“超越”矛盾与限制。

第五节　资本终究无法突破自身的界限

通过实践“资本超限积累”，资本主义利润率在一段时期内上升，社会生产力继续发展，这是否意味着资本主义制度能够永恒，资本主义不会走向灭亡？答案是否定的。资本主义总是不断寻求突破自身限制以形成“资本超限积累”，但是遭到一次比一次更大的崩溃。资本积累的每一次重大调整和升级都会触及资本自身的边界，并从中生长出否定、瓦解自己的力量，日益展现出它的局限性。“资本主义生产总是竭力克服它所固有的这些限制，但是它用来克服这些限制的手段，只是使这些限制以更大的规模重新出现在它面前。”① 资本不是无限和永恒的，资本最终无法超越自己的界限，而成为自身发展的最大限制，“资本主义生产的真正限制是资本自身”。②

马克思从资本自身设定的发展的历史界限，得出了资本自我否定的结论，资本不可能突破这个历史界限，必然要被取代。资本自身不可逾越的界限，即是资本主义的生产方式③的局限性。“资本并不像经济学

① ［德］马克思著，中共中央马克思恩格斯列宁斯大林著作编译局译：《资本论》，第三卷，北京：人民出版社，2004 年版，第 278 页。

② 同上书，第 278 页。

③ 以社会化的机器大生产为物质条件、以生产资料的资本家私有制为基础、以资本剥削雇佣劳动为主要特征的社会经济制度。

家们认为的那样，是生产力发展的绝对形式，资本既不是生产力发展的绝对形式，也不是与生产力发展绝对一致的财富形式。”[①] 资本主义生产方式的局限性体现在资本扩张的无限性和它对人与社会价值实现的有限性是相矛盾的，这种局限性使资本积累与人的全面发展之间的矛盾日益加深，表现为资本和劳动的冲突与对抗，最终成为消灭资本的力量。

在资本主义社会，资本是统治一切的力量，一切事物和活动都被纳入资本逻辑的漩涡，包括人。一方面，资本对工人的统治和奴役，表现为劳动的异化，因为要生产剩余价值才需要雇佣工人进行劳动，工人只是为生产剩余价值而存在，“物质力量成为有智慧的生命，而人的生命则化为愚钝的物质力量”，[②] “人已经不再是人的奴隶，而变成了物的奴隶”。[③] 另一方面，资本对资本家的统治和奴役，表现为资本的异化，资本家被资本驱使为其增值和积累卖命工作，“作为资本家，他只是人格化的资本。他的灵魂就是资本的灵魂。而资本只有一种生活本能，这就是增殖自身，创造剩余价值，用自己的不变部分即生产资料吮吸尽可能多的剩余劳动”。[④] 资本家“不过是资本的奴隶，终究也和无产阶级一样都是失去了个性的‘偶然的个人’，而不是‘有个性的个人’”。[⑤] 在资本主义生产方式下，无论是工人还是资本家，都必须遵循资本逻辑，为资本增值而活。

一旦人逐渐开始自我觉醒，意识到不光为了资本增值而活着，而是为了个人价值和社会价值的实现而活，就产生了资本与人的根本对立。对工人而言，越来越注重自身健康、幸福、求知、个人和社会价值的实现。对资本家而言，越来越意识到人的属性比资本家的身份更加重要，

---

① ［德］马克思著，中共中央马克思恩格斯列宁斯大林著作编译局译：《马克思恩格斯全集》，第30卷，北京：人民出版社，1995年第2版，第396页。

② ［德］马克思著，中共中央马克思恩格斯列宁斯大林著作编译局译：《马克思恩格斯选集》，第1卷，北京：人民出版社，1995年第2版，第775页。

③ ［德］马克思著，中共中央马克思恩格斯列宁斯大林著作编译局译：《马克思恩格斯全集》，第3卷，北京：人民出版社，2002年第2版，第534页。

④ ［德］马克思著，中共中央马克思恩格斯列宁斯大林著作编译局译：《资本论》，第一卷，北京：人民出版社，2004年版，第269页。

⑤ 杨楹、周世兴：《论马克思“偶然的个人”》，《哲学研究》，2008年第11期，第25页。

开始关注社会弱势群体，投身于慈善活动，主动承担企业的社会责任等。如果人要体现其自身价值和意义，就必须从充当资本增值的工具中挣脱出来，推翻资本的奴役，完全与资本割裂，实现人的全面解放，因而资本与人的对抗不可避免。随着社会发展，当两大阶级都追求人的全面发展与解放时，资本主义必然走向灭亡。

本章小结

在马克思的经典著作及手稿中，很多地方都零散地提到资本的限制、资本的界限、资本积累的矛盾以及因追求无限积累而突破限制的冲动等，可能由于顾及整体写作的连贯性和精力所限，马克思并未对这些观点充分展开论述。鉴于当今世界资本主义制度还没有灭亡，以及资本主义国家出现各类危机、各种乱象，在充分把握资本逻辑，以马克思主义政治经济学为理论框架的基础上，本书提出“资本超限积累”对上述问题做出回应，并对马克思的资本积累理论进行了新的探索。

“资本超限积累”体现了在资本积累过程中对所遇到限制的突破，自资本主义诞生以来就存在这种运动，并仍然不断进行。“限”是资本积累遇到的限制，马克思在《1857—1858 年经济学手稿》中提出四种限制，即必要劳动是活劳动能力的交换价值的界限；剩余价值是剩余劳动和生产力发展的界限；货币是生产的界限；使用价值的生产受交换价值的限制。然而，这四种限制还不能完全涵盖资本积累遇到的所有限制的类型，仅仅是马克思认为最重要的四条。本章遵循马克思的研究思路，对“限”进行了重新梳理与概括。本书提出，“限”包括资本盲目增值运动所产生的“内部限制”以及社会环境中不利于资本积累的“外部限制”，这些限制不是僵化、静态的，而是不断变化、递进的，在突破了这一层限制后，由于资本的无限增值逻辑将导致更高层次限制的出现。因此，“资本超限积累”表现为突破限制、积累、新的限制出现、再突破限制、再积累……，如此循环往复的运动过程。

但是，“资本超限积累”并不代表资本积累已经突破自身的界限，成为永恒的、无限的过程。“资本超限积累”可能导致一系列的危机、困境、灾难，最终无法超越不可逾越的界限，这个界限即是资本主义的生产方式。资本扩张的无限性和它对人与社会价值实现的有限性相矛盾，导致资本和劳动的冲突与对抗。从而，“资本主义生产的真正限制是资本自身”，资本不可能突破这个历史界限。

第二章
“资本超限积累” 的路径——时间突破

信用表现为以跨期契约为标志的经济交易活动，信用体系将这种跨越时间的经济交易发挥到极致，使得资本流通能够不受时间、行业、地理的制约，不断从一个阶段转移到下一个阶段、从一个产业转移到另一个产业、从一个地区转移到另一个地区，最大限度地让资本组织生产、加速流通、推动劳动以创造价值，全面协调生产与实现、消费与分配，是资本主义调节生产的“中枢神经系统”。本章将沿着马克思信用理论的痕迹，论证信用体系是资本突破内在限制，形成“超限积累”的路径之一，由于其标志为跨期交易，故称之为“时间突破”。

第一节　资本主义的“中枢神经系统”——信用

一、信用

信用有社会学和经济学的双重含义。“信用”在社会学中表示讲诚信的行为或者主体在诚信道德驱使下的一系列行为，如“讲究信誉、遵守诺言”，“能够履行跟人约定的事情而取得信任”等。而经济学意义上的“信用”表示特定经济活动的习惯用语，如货币银行学对信用的解释是“信用是以偿还为条件的价值单方面的转移”；① 在《牛津法律大辞典》中，“信用是指在得到或提供货物或服务后并不立即而是允诺在将来付给报酬的做法”② 等。随着时代变迁，尤其在经济领域中“信用”的表现形式更加多样化，学者们对其阐释也是见仁见智。然而，尽管信用的外延一再扩展，其存在形式令人眼花缭乱，但其内涵却逐步深化，核心本质未曾发生改变。

马克思对于信用及其相关现象的分析存在于其草稿中，恩格斯在整理书稿的时候遇到了极大的困难，最终保留了大多数未经修改的文字出版于《资本论》第三卷中，此外还有一些相关表述散见于各时期的手稿。尽管如此，笔者在研读马克思著作中有关信用的部分时，仍然感叹他非凡的洞察力、前瞻力以及由浅入深、由表及里剖析现实的能力，这使得我们能够从他的相关论述中，描绘信用的轮廓。

（一）信用的概念

马克思没有给信用下一个明确的定义，他表示认同并引用了图克的表述，“关于信用一般，图克说过如下的话：‘信用，在它的最简单的表现上，是一种适当的或不适当的信任，它使一个人把一定的资本额，以货币形式或以估计为一定货币价值的商品形式，委托给另一个人，这个资本额到期后一定要偿还。如果资本是用货币贷放的，也就是用银行券、或用现金，或用一种对客户开出的支取凭证贷放的，那么，就会在还款数额上加上百分之几，作为使用资本的报酬。如果资本是用商品贷放的，而商品的货币价值已经在当事人之间确定，商品的转移形成出售，那么，要偿付的总额就会包含一个赔偿金额，作为对资本的使用和对偿还以前所冒风险的报酬。’”③

可见，马克思对信用的理解包含了社会与经济两个层面：一方面信

① 王晓光主编：《货币银行学》，北京：北京理工大学出版社，2016 年版，第 27 页。

② ［英］戴维·M. 沃克著，北京社会与科技发展研究所组织翻译：《牛津法律大辞典》，北京：光明日报出版社，1988 年版，第 225 页。

③ ［德］马克思著，中共中央马克思恩格斯列宁斯大林著作编译局译：《资本论》，第三卷，北京：人民出版社，2004 年版，第 452 页。

用是以借贷双方的相互信任为基础的；另一方面信用是一种经济上的借贷行为，这种借贷行为是以偿还为条件的价值的单方面让渡，是“价值运动的特殊形式”。同时，他也指出，虽然“信用”是一个古老的经济范畴，从奴隶制社会开始就有高利贷现象的存在，但是现代信用制度、发达的信用关系只有在以资本和雇佣劳动为基础的流通中才会历史性地出现，并不能简单理解为“借和贷”。

关于现代信用的起源，在马克思的叙述中出现了两条线索：其一，信用是与货币的支付手段职能相联系的，从而导致了商业信用的形成；其二，伴随着资本主义制度的确立，生息资本要为资本主义生产服务，结合银行的出现，产生了银行信用。

（二）商业信用

随着商品流通的发展，货币履行支付手段的职能，商品的让渡与商品价格的实现在时间上存在分离的可能。商品和货币不再同时出现在买卖过程的两端，商品可以以赊销的方式售出，卖者成为债权人，买者成为债务人，货币作为商品价值的实现出现在未来。

商业信用就是与货币的支付手段职能直接相联系的，是从事再生产的资本家互相提供的信用，是信用制度的基础。资本主义生产过程由一个阶段转换为另一个阶段，价值由一种形式转变为另一种形式，其稳定的连续性并不必然发生，消除偶然性的办法是信用。商业信用为再生产过程的不同阶段起到中介作用。以纺织业为例，商业信用的运用使得纺纱者无须对棉花支付现金就可获得棉花进行纺纱，棉织厂主无须对棉纱支付现金就可获得棉纱进行织布，商人无须对棉布支付现金就可获得棉布进行售卖，每个人都一面提供信用，一面接受信用，只要商人最终将棉布销售出去，资本就能够回流。

商业信用具体表现为汇票和信用券，它们是有期限的延期支付的证书，是信用货币最初的形式。在期满支付日到来之前，这类票据可以通过背书在商人中间再作为支付手段进行流通，取得社会货币的形式，债权由 A 转移到 B，中间没有贴现，没有货币的流通，至多只是差额需要用货币来结算。从而，这些信用货币既能够适应商品生产的体量变动，还大大节省了交易成本和流通成本。但是，商业信用也存在较为明显的局限性：其一，商业信用的最大限度等于产业资本的最大量，即商业信用的量受到产业资本量的限制。[①] 其二，商业信用受到产品流通方向的限制，只能是由商品流通过程中前一阶段向后一阶段提供，如棉花生产者向纺纱业者提供信用，纺纱业者向织布业者提供信用，织布业者向商人提供信用，但反过来就不成立。

（三）银行信用

高利贷古已有之。有了货币，就必然出现货币贮藏，职业的货币贮藏家就有可能转化为高利贷者，[②] 高利贷如寄生虫般紧紧依附在所属的生产方式上，使其再生产每况愈下，对奴隶制和封建制起到破坏、瓦解的作用，马克思概括“高利贷资本有资本的剥削方式，但没有资本的生产方式”。[③]

而“信用制度是作为对高利贷的反作用而发展起来的”。[④] 资本主义制度确立之后，资本主义生产成为占统治地位的生产方式，生息资本[⑤]（高利贷资本是生息资本的古老形式）就要适应已经变化了的经济社会环境以服务于资本主义生产。从而生息资本驯服了早已有之的高利贷资本，把它们转化为自己派生的或特殊的职能。在资本主义体制下，货币占有者如果不从事实际的产业生产，但又希望自己的货币增值，他就会利用货币的追加的使用价值，即把货币在一定时间内贷放给产业资本家以取得利息。在交换体系相对简单时，个人和个别资本家之间的信

① ［德］马克思著，中共中央马克思恩格斯列宁斯大林著作编译局译：《资本论》，第三卷，北京：人民出版社，2004 年版，第 546 页。

② 高利贷的存在需要具备两个条件：一是以商品经济一定程度的发展为基础；二是与小生产、自耕农和小手工业主占社会主要成分的情况相适应。

③ ［德］马克思著，中共中央马克思恩格斯列宁斯大林著作编译局译：《资本论》，第三卷，北京：人民出版社，2004 年版，第 674 页。

④ 同上书，第 678 页。

⑤ “就生息资本是资本主义生产方式的一个重要要素来说，它和高利贷资本的区别，绝不在于这种资本本身的性质或特征。区别只是在于，这种资本执行职能的条件已经变化，从而和货币贷出者相对立的借入者的面貌已经完全改变。即使得到贷款的产业家或商人是没有财产的人，那也是由于相信他会用借来的资本执行资本家的职能，占有无酬劳动。他是作为可能的资本家得到贷款的。”——［德］马克思著，中共中央马克思恩格斯列宁斯大林著作编译局译：《资本论》，第三卷，北京：人民出版社，2004 年版，第 679 页。

任也许可以保证相互的债权与债务关系，但在复杂的市场体系中，人与人之间不存在直接的信任关系，这就无法构成信用体系的合适基础了，银行的产生解决了这一问题。“信用曾经只是个人的信任问题和个别资本家的信誉问题，银行却将其制度化。”①

银行的产生是与货币经营业的发展联系在一起的。货币经营业务最初是从生产总过程中分化出来的一项专门管理货币流通的业务。一方面，资本家会不断地支付和收回货币，这种单纯技术性的收付货币业务，使计算差额和结算成为必要。另一方面，资本的一部分既要必须不断地作为贮藏货币，即等待使用的闲置的资本，又要使贮藏货币的保管成为必要。货币经营业独立于生产过程而存在，它逐渐控制了越来越多的货币流通，借贷业务也作为货币经营者的特殊职能发展起来，货币经营逐步演化为银行。

第一，银行成为货币资本的总管理人，以货币资本的贷出者和借入者之间的中介人的身份出现。一方面，银行将所有贷出者的借贷货币资本大量集中在自己手中，与借入者相对立。另一方面，银行也把借入者集中起来，与所有贷出者相对立。第二，银行建立起信用货币，发行自己的银行券作为流通手段，取代了由个别生产者发行的汇票。银行家发现用自己的银行券来代替无数个别生产者的汇票更加方便、更有效率、更有利润。第三，银行为汇票提供了一家中央清算所，会将不同的信用货币联系起来，对交易进行记录、清算，大大节省了交易成本和流通成本。

伊藤·诚和考斯达斯·拉帕维查斯还讨论了资本主义信用体系。他们认为“信用的形式进一步发展其互相之间的及同实际积累之间的有机联系，最终形成一个信用体系，一个国内经济的完整机制”。② 可以说，信用体系是指信用相关的要素（包括信用机构、信用制度、信用主体、信用活动、信用信息服务机构等）之间相互联系构成的统一整体，其核心是将社会中的闲置资本转化为生息资本。

---

① ［英］大卫·哈维著，张寅译：《资本的限度》，北京：中信出版社，2017 年版，第 393 页。

② ［日］伊藤·诚、［希］考斯达斯·拉帕维查斯著，孙刚、戴淑艳译：《货币金融政治经济学》，北京：经济科学出版社，2001 年版，第 106 页。

二、虚拟资本

在资本主义生产方式下，货币取得一种追加的使用价值，即作为资本来执行职能的使用价值，它除了保存自己原有的价值量外，还会生产一定的剩余价值，生产平均利润。在生产过程中货币作为资本的循环公式是 G－W... P... W′－G′，即由货币资本买入生产资料，在生产过程中通过劳动力加入剩余价值，最后销售产品以获得更多的货币资本。而如果执行职能的资本家的货币资本是向货币所有者借来的，那么在借款期限结束后，他要将生产出的一部分利润（即一部分剩余价值）支付给货币的所有者（叫作利息），这些货币就体现为生息资本了。

贷出的货币资本的投资对象是对未来劳动所得的占有，但是未来生产的剩余价值是不确定的，会随着竞争的状况、技术变革的步伐、剥削率以及资本积累和过度积累的总体动态而改变。从而，预付的货币资本的投资对象是不确定的、有风险的、无保障的，体现为想象的虚拟的增值，而非现实存在的资本。因此，生息资本从最开始就必须被当作虚拟资本，只是信用体系把虚拟资本制度化了。

（一）马克思论述的虚拟资本

马克思认为，虚拟资本的产生大致有两种途径：一是由商业信用和银行信用创造的虚拟资本，这类虚拟资本的出现与信用货币有关，用信用流通替代货币流通，如商业汇票、银行券、银行汇票及其贴现等；二是收入资本化形式上产生的虚拟资本，如股票、债券等一切资本所有权证书。

第一，由商业信用创造的虚拟资本。票据经过背书后可以作为支付手段在商人之间进行流通，通过制造单纯流通手段而创造出虚拟资本。例如，一名生产者用一件尚未出售的商品作抵押来获取信用，他在实际的出售发生之前就取得了与这件商品等价的货币。此时，贷方持有一张票据，它的价值是以一件尚未出售的商品为后盾的，这张票据可以被描述为虚拟价值，这些票据倘若作为资本被借出去，就成了虚拟资本。

第二，由银行信用创造的虚拟资本。其一，银行信用通过创造存款来创造虚拟资本。例如原本存放在 A 地的 1 万元，被支付出来存入 B 地形成存款，后又从 B 地支付出来存入 C 地形成存款，……这 1 万元可以成倍地增长到一个巨大的存款数额。那么，一定数量的货币就能多次充当存款的工具，执行多次流通和支付手段的职能，执行多次借贷资本的职能，在信用流通替代货币流通意义上产生出虚拟资本。其二，银行信用直接创造信用货币，如发行本行的银行券、开出一定期限兑付的汇票等。

第三，收入资本化形式上产生的虚拟资本。“人们把每一个有规则的会反复取得的收入按平均利息率来计算，把它算作是按这个利息率贷出的一个资本会提供的收益，这样就把这个收入资本化了。”[①] 以股票为例，股票是资本市场的主要长期信用工具，是股份公司为筹集资金而发行给各个股东作为持股凭证并借以取得股息和红利的一种有价证券，其可以转让、买卖，但不能要求公司返还其出资。入股的金额代表在这些企业中投入的并执行职能的资本，是现实资本。但是，股票仅仅是所有权凭证，代表对一部分未来收益的债权，只能分红，不能支配执行职能的现实资本，资本本身也不能撤出。

然而，股票可以作为商品来买卖，可以作为资本价值来流通。“这些所有权证书——不仅是国债券，而且是股票——的价值的独立运动，加深了这样一种假象，好像除了它们能够有权索取的资本或权益之外，它们还形成现实资本。”[②] 比如，某人所购买股票的年分红为 1000 元，且平均利润为 4%，那么这些分红收入就被视为是将 25000 元存入银行或贷出而获得的收益；若平均利润为 8%，就被视为是将 12500 元存入银行或贷出而取得的收益。必须强调，股票只是现实资本的“纸质副本”，纯粹是“幻想的虚拟的资本形式”，它的价格可能会按照自身的规律来波动，而这些规律与“现实资本的价值变动完全无关”。其他的

① ［德］马克思著，中共中央马克思恩格斯列宁斯大林著作编译局译：《资本论》，第三卷，北京：人民出版社，2004 年版，第 528 页。

② 同上书，第 529 页。

债券也同股票类似，比如国债券不代表任何资本，更是纯粹的虚拟资本。

（二）金融市场使虚拟资本具有广泛的流动性

虚拟资本是在信用的基础上产生的，本身没有价值，不具有实物形式，也不具有货币形式，然而它可以通过循环运动分割由职能资本家所获得的利润。上述几种初始的虚拟资本，虽然也能进行独立运动，但由于受到限制而缺乏广泛的流动性，造成了闲置资金向虚拟资本（或生息资本）转化的障碍。金融市场的产生即解决了这一问题。

金融市场是信用活动的交易场所，是信用体系的重要组成部分。金融市场包括股票市场、债券市场、票据市场等，这些市场使得人们可以根据预期收益自由买卖虚拟资本，大大提高了虚拟资本的流动性，增加了闲置资金向虚拟资本的转化。之后，伴随着金融市场国际化，虚拟资本可以进行跨国交易。特别是第二次世界大战之后，在《布雷顿森林协议》及《关税和贸易总协定》的推动下，逐渐形成了规模巨大的国际金融市场，以及一种新的市场——外汇市场。20 世纪 60 年代以来，股票、债券、外汇等金融商品的交易陆续出现了期货交易方式，1973 年还出现了期权交易。20 世纪 80 年代以来，经济全球化、金融自由化、信息技术进步等因素共同推进了各国国内金融市场与国际金融市场之间的联系，全球愈发形成一个统一的金融市场。同时，随着金融创新的不断推进，各种金融衍生产品层出不穷，导致虚拟资本迅速膨胀。

（三）虚拟资本无法创造社会真实财富

在马克思主义经济术语里，“资本积累”是指在实际生产过程中，由资本产生剩余价值，剩余价值再转化为资本产生更多剩余价值的过程，是真实财富的积累。马克思认为真实财富（或剩余价值）只有通过实体经济活动产生，而信用体系中的虚拟资本只能分割一部分由职能资本家（从事实体经济活动的资本家）获得的真实财富，虚拟资本数量的增长不等于真实财富的增长，不属于资本积累的范畴。虽然现代信用体系发展的无比庞大，但是马克思所揭示的虚拟资本运动的本质未变。

从国民经济核算的角度来看，虚拟资本产生的GDP包括虚拟经济交易中所直接产生的税收、交易中介机构收取的中介费用（包含就业人员薪资、机构经营利润等）以及企业部门在虚拟经济交易中获取的利润，这些收入只是交易某方（住户部门或其他部门）的资产（储蓄）减少额，其实质是对交易各方的货币收入的再分配。[①] 例如，在股票一级市场，上市公司通过实体经济活动创造真实财富，其股票分红就是将其创造的财富分割一部分给股东，所以虚拟资本分割职能资本家获取的真实财富。在股票二级市场，股票的短期价格波动使得交易中存在价差收益，但从总体上看，造成的盈亏实质上是对交易各方真实财富的再分配，赢家赚的是输家的钱。即使由于实体经济增长，或是货币供应量的增长使得股票价格只涨不跌，股票二级市场产生的所谓“新增价值”也只不过是对实体经济创造的新增价值的分割，或是由于通货膨胀造成的“虚幻利润”而已。如弗朗索瓦·沙奈所说的那样，虚拟经济的利润只是一种分配性转移，是对实物经济领域中利润与收入的转移和掠夺。

第二节　时间突破——通过信用体系实现“资本超限积累”

信用的形式有很多，但其总是表现为以跨期契约为标志的经济交易活动。不论是借贷行为、购买股票、债券，或是发出汇票，其实都是期望取得未来收益的一种契约。订立契约的交易活动是现在，而可能取得收益是在未来。信用体系正是将这种跨越时间的经济交易发挥到最大限度，是资本主义调节生产的中枢神经系统。

信用体系包含了一种潜力，可以跨越生产与消费之间、生产与实现

① 罗良清、龚颖安：《从国民核算视角再认识虚拟经济》，《统计与决策》，2010年第11期，第36页。

之间、当前的使用与未来的劳动之间，以及生产与分配之间的对抗。信用体系的运用使得资本流通能够不受行业、地理的制约，突破时间限制，运行于整个经济体系中。“全部信用制度，以及与之相联系的交易过度、投机过度等等，就是建立在扩大和超越流通和交换领域的界限的必然性上的。”① 本节对应于第一章资本积累的限制，着重研究信用体系如何突破资本内在的限制，形成“资本超限积累”。

一、对交换环节限制的突破

（一）流通时间的节约

流通时间是对价值实现的限制，也是对价值创造的限制。交换环节并不生产价值，而是将生产出来的价值加以实现或者购入生产阶段所需要的生产资料。如果生产时间保持一定，流通时间越少，相应的生产总过程耗费的时间就越少，周转就越快。在一定时期内，相同的生产总过程，若周转得越快，就意味着有越多的时间用于生产价值。同时，周转时间的减少实际上会释放货币资本，这些货币资本由此就可以被用于进一步的积累。因此，资本主义生产总是倾向于节约流通时间。

马克思强调：“资本的必然趋势是没有流通时间的流通，而这种趋势又是资本的信用和信用业务的基本规定。”② 例如，为了推动再生产的顺利进行，资本家可以通过信用体系将尚未出售的产品作为抵押获得货币，而无须等到产品全部销售完成后再开始下一次的生产。因此，信用体系的介入大大节省了流通时间。

（二）保持资本持续流通

资本的持续流通之所以重要，是因为资本必须要保持运动的状态，从一个阶段到另一个阶段，在任何可能的地方发挥作用，由此推动价值的生产与创造，形成资本积累。如果资本在某一点上停滞，就会影响整

① ［德］马克思著，中共中央马克思恩格斯列宁斯大林著作编译局译：《马克思恩格斯全集》，第30卷，北京：人民出版社，第2版，第397页。

② ［德］马克思著，中共中央马克思恩格斯列宁斯大林著作编译局译：《马克思恩格斯全集》，第31卷，北京：人民出版社，第2版，第51页。

个生产过程的进程。如果资本在第一阶段 W－G 停顿下来，货币资本就会凝结为贮藏货币；如果资本在生产阶段停顿下来，生产资料就会搁置不起作用，劳动力就会处于失业状态；如果资本在最后阶段 G′－W′停顿下来，卖不出去的商品就会妨碍流通的进程。①

信用体系有助于跨越资本自由流动所面临的各式各样的障碍，让其得以持续流通，减少商品生产、流通和消费的不连续性。例如，需要极长生产周期的商品可以分期支付，这让生产者得以在同一个生产周期内把同一个资本周转多次。此外，由于不同产业对生产周期的要求是极其不同的，信用的介入使得货币在产业之间的流动变得更加自如，可以充分利用各产业生产周期暂时闲置的资本，最大限度发挥所有资本的职能。

（三）货币的节约

马克思认为，一项主要的流通费用，就是货币本身。在古代，贵金属（如黄金）是主要的流通货币，但由于黄金的稀缺性，加上运输不易、质量鉴定难度高、称量烦琐、价值昂贵等特性，限制了货币流通的速度。随着信用的扩展，出现了实际价值与名义价值的分离，促进了铸币、纸币的发行，它们的数量可以更加轻易地适应对货币需要的任何增加，黄金因逐步被取代而得到节约。

另一方面，信用的使用可以使大部分的交易通过信用转移来完成，而省去了货币的介入。实际上，货币作为支付手段的主要职能是结清余额。例如，本书中提到过的从棉花到棉布的转化，是借助于各生产阶段的生产者之间提供的信用货币（汇票）来完成的，货币的主要职能就成为彼此之间结清余额的手段。

二、对分配环节限制的突破

信用体系对分配环节限制的突破，主要是指生产前的分配。我们知

① ［德］马克思著，中共中央马克思恩格斯列宁斯大林著作编译局译：《资本论》，第二卷，北京：人民出版社，2004 年版，第 48 页。

道，分配不仅仅指在各个社会阶级之间进行一般产品的分配，还包括了生产资料的分配。分配形式反映了社会生产关系，“赋予生产条件本身……以特殊的社会的质”。资本主义生产是由资本家占有生产资料，采取雇佣劳动的形式开展的。资本家是否能够占有生产资料，或者占有多少生产资料，决定了资本主义生产能否开展、在多大规模上开展。因此，生产前的分配对资本家而言是至关重要的。

第一，信用体系能够将更多的货币转化为资本，使资本主义生产在逐步扩大的层面上进行。信用机构聚集了一切阶级的货币积蓄和暂时不用的货币资本，并把这些货币转变成了资本。虽然一笔笔小的金额看似微不足道，但当它们凝结起来结合成巨额，就形成不容忽视的货币资本力量了。这样就使得社会上暂时闲置的货币储备被发动起来，重新作为资本再投资。

第二，信用体系能够发动起更多潜在的资本家进行资本主义生产，扩大资本统治的基础。“一个没有财产但精明强干、稳重可靠、有能力和经营知识的人，通过这种方式也能成为资本家，……巩固了资本本身的统治，扩大了它的基础，使它能够从社会下层不断得到新的力量来补充自己。”① 这些被发动起来的资本家，不仅从生产中无偿攫取了劳动者的剩余价值，而且用来组织生产、购买劳动力、剥削剩余价值的资本也是从信用体系中借贷而来。

第三，信用体系直接促成了股份公司的形成以及资本集中，推动规模经济、技术变革，加速“资本超限积累”。信用体系使得单个资本能够突破局限形成联合资本，是股份公司产生与发展的基础。由信用体系带来的资本集中充分释放了技术变革和组织变革的力量，同时规模经济更加容易达到，家庭企业的组织能力所带来的障碍可以被克服了，大规模的工程也可以开展了，这些都成为推动“资本超限积累”的杠杆。

① ［德］马克思著，中共中央马克思恩格斯列宁斯大林著作编译局译：《资本论》，第三卷，北京：人民出版社，2004 年版，第 679 页。

三、对消费环节限制的突破

资本主义生产一向有控制工人工资的倾向。由于资本的逐利本性，希望用最少的可变资本（即工资）来获取最多的利润，资本家们会竭尽所能地提高生产率、减少必要劳动时间，因此工资总水平有相对下降的趋势。而与之相对应的是社会中各类消费产品的不断增多，工人工资的相对减少与产品的增多产生矛盾。

在没有信用参与的情况下，消费需求受到自身拥有的货币量限制。但是信用参与进来之后，消费需求就有可能突破自有货币的限制而得到扩大。消费者可以采取分期付款、贷款消费、信用卡购物、住房贷款、汽车贷款等形式消费。比如，消费者没有足够的资金一次性购买房屋的所有权，就可以采用贷款的方式，在今后很长的时期内逐步地将房款及利息进行支付。这种方式在短期内缓和了消费者购买能力不足与产品价值实现之间的矛盾，起到促进消费的作用，从而形成“资本超限积累”。

四、固定资本的流通

由于固定资本的流通较为特殊，而信用体系的运行又对固定资本流通起着举足轻重的作用，更重要的是固定资本的形成会吸收一部分过剩资本与过剩人口，成为资本突破限制形成超限积累的一个出口。因此，本节将其单独列出进行研究。

（一）信用体系促进固定资本的流通与形成

固定资本区别于流动资本：第一，它向最终产品转移自身价值，但却保持自己独立的使用形式，固定资本的物质要素并没有在最终产品中得到物理上的重建。在生产过程完成之后，机器的形态仍然存在。第二，固定资本价值的流通是一部分一部分进行的，它的使用会延续多个周转期间，在它执行职能的全部时间内，它的价值总有一部分固定在里面。当这台机器已经老化、需要置换时，固定资本价值的流通就完结了。

倘若没有信用体系，资本家就必须建立货币贮藏，直到足以购买机器为止。若想更换现有的机器，也只有等到固定资本的价值从商品销售中一部分一部分地取出，集合起来更换现有的机器。大卫·哈维认为固定资本的规模、数量和耐用性会随着资本积累而增加，同时由于固定资本流通的独立性与特殊性所带来的问题会促使资产阶级发展与演化愈发精巧的信用体系予以解决。[①] 可以肯定的是，信用体系为固定资本的流通与形成提供了极大的便利。资本可以大规模地集中，从而能够出资建造庞大的设施甚至整个产业，比如铁路、水坝、船坞和港口、电站等；个人对寿命较长商品的消费如住房、汽车，可以信用贷款方式支付；政府则可以通过债务融资来提供公共品等。

（二）固定资本的生产会吸收一部分生产过剩，形成超限积累的突破口

资本主义生产追求不断提升的劳动生产率，因而有推动技术变革，将劳动资料转变为机器体系，发展固定资本生产的趋势。技术变革并非直接生产供个人消费的使用价值，而是要求扩大固定资本的比例，“大工业必须掌握它特有的生产资料，即机器本身，必须用机器来生产机器。”[②]

劳动力、商品、生产能力和货币资本的剩余都有转变为固定资本的潜力。马克思指出，“这就要求社会能够等待；能够把相当大一部分已经创造出来的财富从直接的享受中，也从以直接享受为目的的生产中抽出来，以便把这一部分财富用到非直接生产的劳动上去。这就要求已经达到的生产率和相对的富裕程度都有高度水平，而且这种高度水平是同流动资本转变为固定资本成正比的。……过剩人口，以及过剩生产，是

① ［英］大卫·哈维著，张寅译：《资本的限度》，北京：中信出版社，2017 年第 1 版，第 418 页。

② ［德］马克思著，中共中央马克思恩格斯列宁斯大林著作编译局译：《资本论》，第一卷，北京：人民出版社，2004 年版，第 441 页。

达到这种情况的条件。”[①] 假如这样一种从生产过剩到固定资本的转变能够完成，那么过度积累的问题在短期内似乎就可以通过固定资本的形成来解决，从而形成超限积累的突破口。大卫·哈维认为，若要推动这样一种从流动资本到固定资本的调换，通常需要一场危机，因为“危机总是大规模新投资的起点”。

但是，从长期来看，固定资本的使用意味着劳动生产率的提高，加深了过度积累的问题。此外，由于技术变革，固定资本更新换代很快，新生产出的产品会使得旧产品的价值降低、损失，或者被迫闲置。过度积累问题的这个短期解决方案会加重长期的困难，而且会在一定程度上把周期性的价值丧失这个普遍的负担推给固定资本。因此，为了解决生产过剩与人口过剩，在短期内可以将这些过剩转换到固定资本的形成中，特别是建造如水坝、铁路、电站、港口以及其他规模大、周期长、寿命长的公共工程等。但从长期看，过度积累的问题必定会重新出现，可能规模更为巨大，并通过以固定资本的价值丧失来显现，同时危机形成和消除的时间点和节奏也会受到固定资本本身周转过程的影响。[②]

第三节　时间突破面临的矛盾

信用体系是一种调节资本流动的“中枢神经系统”，主要解决资本流通的问题。资本主义生产能够通过信用体系实现对交换环节、分配环节、消费环节的突破，以及促进固定资本的形成，从而完成“资本超限积累”。但是其代价是把矛盾内化到信用体系自身当中，在长期，所有的问题都会激化、扩散、爆发。“信用扬弃资本价值增殖的这些限制，

① ［德］马克思著，中共中央马克思恩格斯列宁斯大林著作编译局译：《马克思恩格斯全集》，第 31 卷，北京：人民出版社，1998 年第 2 版，第 102 页。

② ［英］大卫·哈维著，张寅译：《资本的限度》，北京：中信出版社，2017 年第 1 版，第 354 页。

也只是由于它把这些限制提升为最普遍的形式。”①

一、信用体系诱使过度生产，加重比例失调的倾向和价值实现的困难

信用体系处理资本流通的问题，在交换、分配、消费领域实现突破，但是诱使过度生产，加重比例失调的倾向和价值实现的困难。

首先，信用体系对交换环节的突破，使得生产对消费的反应是滞后的，导致社会再生产过快发展超过了消费的界限，商品生产过剩的问题越来越严重。一方面，商业信用使价值交换与价值实现分离，这会让生产者误以为价值得以实现，并继续进行再生产。但价值真正的实现要等到货币回流之后，而这又是极其不确定的，若价值没有真正实现，那么生产者因误解而再生产出来的产品就面临过剩的风险。另一方面，在银行信用的加持下，以担保而获得贷款愈发容易，数量愈发增加，“仅仅为了获得这样的贷款而制造商品或把制成的商品投到远方市场去的尝试，也就越是增加”，② 生产者远远超出实际消费需要来进行过度的扩充活动。

其次，信用体系对分配环节的突破，使得更多的货币转化为资本，更多的资本家投身于资本主义生产，加剧生产过剩。

再次，信用体系对消费环节的突破，使得不具备实际购买力的人具有交换能力，或者具有大于其实际购买力的交换能力。消费者一方发出更大的需求信号诱导过度生产，但这种“强大的购买力”是虚高的，缺乏真实的收入基础，并非真正的购买能力。

信用体系的运行使得资本突破时间限制，形成“资本超限积累”。当资金的回流有保障，再生产过程顺利进行时，信用可以不断地持续和扩大。一旦生产严重过剩，市场上有效需求缺乏（或者说可支配货币短

---

① ［德］马克思著，中共中央马克思恩格斯列宁斯大林著作编译局译：《马克思恩格斯全集》，第31卷，北京：人民出版社，1998年第2版，第11页。

② ［德］马克思著，中共中央马克思恩格斯列宁斯大林著作编译局译：《资本论》，第三卷，北京：人民出版社，2004年版，第458页。

缺），产品价值实现困难，资金回流延迟，此时会出现信用紧缩，正常的再生产过程遭到破坏，产生信用危机与货币危机。“所以乍看起来，好像整个危机只表现为信用危机和货币危机。……而这种现实买卖的扩大远远超过社会需要的限度这一事实，归根到底是整个危机的基础。”①

二、信用体系过度创造虚拟资本，催生投机与资产泡沫

虚拟资本是“幻想的虚拟的资本形式”，它必定在实际的资本积累之前被创造出来，而这意味着“货币资本的积累所反映的资本积累，必然总是比现实存在的资本积累更大”。② 只要实际的商品价值的扩大与先前创造的虚拟资本保持同步，那就永远不可能出问题。一旦虚拟资本创造过多，虚拟价值的实现和商品形式的价值的实现就会受到威胁。

同时，虚拟资本的价格可能会按照自身的规律来波动，而这些规律与“现实资本的价值变动完全无关”，特别是在投机狂热时期，虚拟资本的价值远远超过其本应代表的资本价值。以股票为例，股票在市场上的现价会按自身规律波动，并不代表最初购买的公司股份的价值。正常来讲，股票是股份公司为筹集资金而发行，各个股东持股以取得股息和红利，股息多少与企业未来的盈利能力息息相关，对持股人而言，这叫作“投资”。但事实上，很多股民购买股票，图的是贱买贵卖赚差价，即“投机”，根本不关心企业经营好坏、有无红利，只看股票价格涨落。只要股票价格看涨，就买进，只要有人买进，股票价格照样看涨，在投机利益的推动下一步步推升起泡沫。

伴随着经济繁荣期，往往产生良好的预期和商业信心，信用的扩张推动虚拟资本价格上涨。在这种高溢价环境下，商业银行和企业的信用衍生和投机活动相互推升。投机相对自主地兴旺起来，涉及固定资本的形成、对土地的出售、商品价格和商品期货以及各种各样的纸面资产，

---

① ［德］马克思著，中共中央马克思恩格斯列宁斯大林著作编译局译：《资本论》，第三卷，北京：人民出版社，2004 年版，第 555 页。

② 同上书，第 572 页。

杠杆率越来越高，资产泡沫出现。但是，被推高的虚拟资本价值，最终无法由相应价值的货币购买力来实现，即供给远远超过有支付能力的需求，债权债务无法正常清偿，整个信用循环的基础遭到破坏。

三、信用体系与货币基础之间的矛盾

以上两点由于信用体系的介入而引发的问题并非是彼此割裂的，它们统一于积累周期中。积累周期一般而言分为以下几个阶段：

1. 停滞阶段。生产严重萎缩、利润率较低、价格下跌、工人失业，有效需求十分微弱，人们对未来收益十分悲观，对信用体系的信心遭到严重破坏。

2. 复苏阶段。大多数剩余库存都被低价卖出，并开始温和扩张。价格上升、利润率回升、商业信心恢复、有效需求增强。

3. 扩张阶段。就业扩大、工资上升、有效需求增长。产业资本家自己的资金已经用完并且相互之间提供信用的能力被耗尽，倾向于利用信用体系扩大生产与资本积累，虚拟资本的数量逐步领先于实际的资本积累。

4. 投机狂热阶段。信用的扩张导致流通手段的总量远远超出社会的劳动产品，价格上涨，几乎没有失业，工资率开始上升，有效需求强劲。产业资本家一边助长过度生产，一边创造数量庞大的虚拟资本。在投机狂热背后，均衡受到了深度破坏，部类之间、生产与分配之间、流通中信用货币的数量与实际价值产出之间出现极大的比例失调。

5. 暴跌。资金回流延迟、大量产品过剩、生产停滞、工人失业，信用危机与货币危机转化为全面的经济危机。

“货币——贵金属形式的货币——仍然是基础，信用制度按其本性来说永远不能脱离这个基础。”① 信用的产生是对货币流通手段与支付手段的延伸。信用能够发挥作用，是基于未来能够产生回报、能够收回

① ［德］马克思著，中共中央马克思恩格斯列宁斯大林著作编译局译：《资本论》，第三卷，北京：人民出版社，2004 年版，第 685 页。

货币的预期以及货币价值的稳定性，但是信用不受限制的、创造性的产生与扩张，已经背离了自身的基础。在最终的清算环节，能被接受的支付手段只有货币。“在危机中，信用主义会突然转变成货币主义。”① 危机中，人人都迫切希望将信用货币兑换成真实的货币，表现为“现金为王”“流动性短缺”“钱荒”“挤兑”等。国家作为最后贷款人，若放任不管，保持货币的高品质，那么信用体系向货币基础的回归将导致信用虚拟出来的金额全部丧失，信用交易所代表的实物价值毁灭。于是，国家的中央银行会受到一种压力，即增加货币的供给。但是，额外投入流通中的货币未必能够进入实体的生产领域，往往是继续滋养虚拟资本的流通，为下一轮的信用扩张创造条件。同时，以国家为后盾的货币再也无法充当坚固的社会劳动的价值尺度，物价高涨，普遍化的通货膨胀出现了。在通货膨胀中，资本家通过减少实际工资来达到更高的剥削率，从而把更大的利润放进自己的腰包，贫富分化愈演愈烈，普通劳动者成为整个危机的最终受害者。

总结起来，信用原本是协调资本流通，突破资本积累内在限制的一条路径，信用常常表现为一种手段，似乎可以克服“对生产的内在的束缚和限制”，可以将资本主义的“物质基础”提升到新的、更加完善的水平。随着信用体系的壮大，经常会出现的情况是，“一切资本好像都会增加一倍，有时甚至增加两倍，因为有各种方式使同一资本，甚至同一债权在各种不同的人手里以各种不同的形式出现”。② 但它还是无法逃脱资本主义生产本身的矛盾，过度生产在交换领域表现为价值的货币形式与商品形式的对立，即商品价值实现的困难，而这种对立又通过信用体系中介，逐步演变成虚拟资本的无度创造、投机与资产泡沫，体现为错综复杂的信用体系（或金融体系）与作为社会劳动价值尺度的货币基础之间的全面对抗。信用最终变成了生产过剩和商业过度投机的主要杠杆，成为资本主义生产超出其本身限制的最有力的手段，也是引发

---

① ［德］马克思著，中共中央马克思恩格斯列宁斯大林著作编译局译：《资本论》，第三卷，北京：人民出版社，2004 年版，第 608 页。

② 同上书，第 533 页。

危机的最有效的工具。[①]

本章小结

本章从马克思的信用理论出发，探讨了信用的基本概念、信用的来源、信用体系以及因信用而产生的虚拟资本，认识到信用的出现对资本主义生产起到极大的促进作用。信用体系对交换环节、分配环节、消费环节限制的突破和对固定资本流通的促进，体现了信用最大程度地推动和组织生产，全面调节社会生产总过程各个环节之间的关系，是资本主义生产的“中枢神经系统”，是资本突破内部限制，形成“资本超限积累”的路径之一。

然而，信用体系的过度膨胀，在长期将导致矛盾的内化、积聚与爆发。信用体系有可能诱使过度生产，加重比例失调的倾向和价值实现的困难；信用体系过度创造虚拟资本，使得经济“脱实向虚”，沉浸于虚拟经济创造“财富”的快感，催生投机与资产泡沫；当虚拟经济链条断裂，一切交易会向真实的货币基础回归，由信用虚拟出来的金额也将全部丧失，即爆发金融危机。信用体系虽然克服了生产过程的内部限制，成为“资本超限积累”的路径“时间突破”，但是最终变成生产过剩和过度投机的主要杠杆。

① ［德］马克思著，中共中央马克思恩格斯列宁斯大林著作编译局译：《资本论》，第三卷，北京：人民出版社，2004 年版，第 686 页。

第三章
“资本超限积累” 的路径——空间突破

马克思认为，以资本为基础的生产，其趋势是创造一个不断扩大的流通范围，并且在一切地点把生产变成由资本推动的生产。他强调：“创造世界市场的趋势已经直接包含在资本的概念本身中。任何界限都表现为必须克服的限制。”① 由于马克思没有完成预定的写作计划，关于民族国家与世界市场的问题未能充分展开，但后人对这一方面有诸多的发展。他们从不同角度提出了对资本主义国家扩大市场、向外延伸、地理扩张这种状态的逻辑解释，虽然各自的理论差异明显，但是所解释的现实情境基本一致，资本主义国家本身的空间扩张状态是现实的、具体的、毋庸置疑的。本章是从“资本超限积累”路径的角度来研究这一问题，将资本主义国家向外扩张的状态称为“空间突破”。

第一节　前人对资本主义国家地理扩张的逻辑解释

有很多学者对资本主义国家向外扩张的行为进行研究，并提出各种

① ［德］马克思著，中共中央马克思恩格斯列宁斯大林著作编译局译：《马克思恩格斯全集》，第30卷，北京：人民出版社，1995年第2版，第388页。

各样的理论，这些差异巨大的逻辑解释反映了学者不同的视角以及所处的不同时代特征。其中，卢森堡、列宁、哈维等理论家对这一问题有深刻认识，他们的理论产生了极为深远的影响。本节按其出版先后顺序进行简要概述。

一、罗莎·卢森堡：剩余价值实现困难与非资本主义经济的存在

罗莎·卢森堡以马克思再生产理论为中心，讨论了资本主义积累和扩大再生产问题。马克思的再生产图式中，扩大再生产是由不变资本与可变资本一直保持相同的增长比率进行的，没有考虑劳动生产率提高的因素。罗莎·卢森堡指出，在实际生产中，劳动生产率提高导致资本有机构成的提高，每年的不变资本相对而言较快地增大，可变资本较慢地增大及剩余价值率的继续增大，造成了社会生产物的物质构成及资本的价值构成之间的不均衡，此时就会出现生产资料逐年短缺，消费资料逐年过剩的现象。她假定，可以通过把第一部类本来用来消费的剩余价值的一部分（这一部类所生产的剩余价值，与它所生产的其他部分相同，是以生产资料的形态出现的）转移到不变资本上，由此而补偿生产资料的短缺部分。“可是，这个困难解决了，只加大了另外一个困难。第一部类资本家为要使积累可能，愈加相对地限制他的消费，则第二部类的消费资料就愈加卖不出去。”[①] 因此，她认为，将资本有机构成提高纳入马克思的再生产图式，剩余价值的实现就会发生困难。她指出，资本主义社会包含着生产能力与消费能力之间的深刻而根本的冲突，这个冲突是由资本积累而产生，它爆发为周期性危机，并驱使资本向不断扩大的市场迈进。因此，卢森堡认为，在一个封闭的资本主义体系内，按照纳入了资本有机构成提高因素的马克思扩大再生产的图式，要实现生产资料和消费资料的两部类的全部剩余价值是不可能的。摆脱困难的唯一

① ［德］罗莎·卢森堡著，彭尘舜、吴纪先译：《资本积累论》，北京：生活·读书·新知三联书店，1959 年版，第 265 页。

出路，是抛弃关于封闭的资本主义体系的假定，通过出售给资本主义体系外部的消费者才能实现。

其次，卢森堡认为，非资本主义经济形态的环境，不仅是作为实现资本主义生产的剩余价值的市场，而且还是部分生产资料（不变资本）的供应来源。资本主义生产方式所需的生产资料如果只依赖于从狭隘的地界上取得，那是远远不够的。资本主义生产从最初就致力于囊括全世界，资本企图无限增值的逻辑促使其从世界上一切文化阶段和一切社会形态中搜索、获得或者武力夺取它所需的生产资料。她强调，资本主义的积累依赖于非资本主义生产的生产资料。

此外，非资本主义经济形态的环境还是劳动力（可变资本）的后备源泉。劳动力的供应是资本积累的基本条件，在有利条件下，供应量可以通过延长劳动时间、增加劳动强度以及工人的自然繁衍来增加，但是这种供应量的增加是有限度的。卢森堡指出，资本主义的生产，只有从非资本主义阶层及非资本主义国家中，不断汲取追加的劳动力。对于英国棉织工业而言，没有北美联邦南部诸州的棉花，固然不可能发展；同样，没有几百万非洲黑人，也不可能发展。[①] 劳动力后备军从资本主义领域以外的社会储藏库中招募，它在需要时被吸收到无产阶级中。

综上，卢森堡强调资本主义只有向非资本主义的第三市场（包括国内的和国外的非资本主义经济形态的环境）扩展，才能进行不断的积累，没有第三市场，资本主义就不能生存。她用这个理论来说明资本主义国家争夺殖民地及对不发达国家的控制，这个扩张过程不断地消灭非资本主义领域，把落后的国家和居民阶层吸收到资本主义势力范围中来，使之成为资本主义经济的一部分。当世界上所有非资本主义领域最终被侵蚀并全部纳入资本主义体系时，一个封闭的资本主义体系将在实际上形成，资本主义的积累和扩大再生产就无法进行，资本主义体系将自动崩溃。卢森堡总结道：“资本主义是第一个具有传播力的经济形态，它具有囊括全球，驱逐其他一切经济形态，以及不容许敌对形态与自己

① ［德］罗莎·卢森堡著，彭尘舜、吴纪先译：《资本积累论》，北京：生活·读书·新知三联书店，1959 年版，第 284 页。

并存的倾向。但是，同时它也是第一个自己不能单独存在的经济形态，它需要其他经济形态作为传导体和滋生的场所。虽然它力求变为世界普遍的形态，并正由于此，变为世界普遍形态也是它的趋向，然而它必然要崩溃，因为它由于内在原因不可能成为世界普遍的生产方式。”①

二、列宁：垄断与帝国主义瓜分世界

列宁是从垄断的角度来说明资本主义国家的帝国主义行径的，帝国主义就是垄断资本主义。

首先，从自由竞争中生长起来的垄断，是资本主义社会经济向更高级结构的过渡。资本主义工业蓬勃发展，大型企业之间容易达成协议，并且能够形成规模经济，生产越来越集中于大企业中，造成竞争的困难。集中发展到一定阶段，就自然而然地走到垄断，垄断同盟包括有卡特尔、辛迪加、托拉斯、康采恩。

其次，银行资本和工业资本融合产生金融资本，并在此基础上形成了金融寡头，金融资本的巨大力量能够支配国家按照有利于金融资本的利益行事。银行基本的业务是将社会上暂时闲置的货币资本集中起来，借给资本家变为生息资本。随着银行业的日益发展，越来越集中于少数几家银行机构，银行就由中介人的角色发展成为势力极大的垄断者。银行支配着社会上几乎全部的闲置货币资本，以及大部分生产资料和原料产地。希法亭最先对这些现象进行了研究。他指出，一方面，产业资本家只有通过银行才能获得对一大部分产业资本的支配；另一方面，银行也不得不把它们资本的一部分固定在产业之中，通过这种途径银行资本实际转化为产业资本。为此，他首次对金融资本做出定义，“金融资本就是由银行支配而由工业家运用的资本”。② 列宁沿用了希法亭对金融资本的定义。他强调，集中在少数人手里并且享有实际垄断权的金融资

① ［德］罗莎·卢森堡著，彭尘舜、吴纪先译：《资本积累论》，北京：生活·读书·新知三联书店，1959 年版，第 376 页。

② ［德］鲁道夫·希法亭著，福民等译：《金融资本》，北京：商务印书馆，1994 年版，第 252 页。

本，通过创办企业、发行有价证券、办理公债、投机土地生意，贱价收买倒闭的小企业，或者参与有利可图的“整理”和“改组”等，以此获得丰厚的利润，巩固了金融寡头的统治。金融资本在经济关系和国际关系中的巨大力量，甚至能够支配政治上完全独立的国家。建立在金融资本统治基础上的政策和意识形态，具有并增强了向外扩张、资本输出、争夺势力范围（即进行有利的交易、取得租让、取得垄断利润等等的范围）、抢占生产资料，甚至争夺经济领土的倾向。①

再次，过剩资本使资本输出成为必要。如果在资本主义国家中已经产生过剩资本，那么向其他国家输出资本就具有特别重要的意义。“只要资本主义还是资本主义，过剩的资本就不会用来提高本国民众的生活水平（因为这样会降低资本家的利润），而会输出国外，输出到落后的国家去，以提高利润。”② 因为相对落后的国家缺乏资金、劳动力报酬低、原料价格便宜等，对其进行资本输出可以攫取高额的利润。

列宁看到了以上这些现实表现，强调世界上出现了帝国主义实践和要求建立帝国的声音。列宁指出，资本家瓜分世界，不是因为他们本身心肠恶毒，而是因为集中已经发展到垄断阶段，从而被迫运用这种方式（即瓜分世界）来获取利润。

最后，列宁还强调了垄断和帝国主义之间重要的内部联系，即“帝国主义是发展到垄断组织和金融资本的统治已经确立、资本输出具有突出意义、瓜分世界的资本家国际垄断同盟已经形成、一些最大的资本主义国家已把世界全部领土瓜分完毕这一阶段的资本主义”。③

三、大卫·哈维：过度积累与不平衡的地理发展

大卫·哈维认为资本主义特定地域系统的过度积累意味着剩余价值无法再被营利性的生产所吸收，产生资本过剩和劳动过剩，过度积累是

---

① ［苏］列宁著，中共中央马克思恩格斯列宁斯大林著作编译局译：《列宁选集》，第二卷，北京：人民出版社，2012年版，第684页。

② 同上书，第626页。

③ 同上书，第651页。

导致危机的根源。同时资本主义所创造的地理景观是不稳定的、不平均的，而正是这种不平均的地理发展为资本和劳动剩余的吸收提供了可能性，即进行“空间修复”。

大卫·哈维从地理学和区位理论出发，研究了空间区位不断变动的、紧张的、矛盾的状态。

首先，空间区位的唯一性导致了对区位的竞争与空间垄断之间的矛盾。生产必须在某个特定的地点进行，而地点的选择是至关重要的。一个特殊位置的优劣取决于生产资料和劳动力的成本、从这个位置到市场的交通成本、各种各样辅助服务的成本和可用性，以及土地的价格。这些成本的影响因素包括自然界的资源禀赋、社会条件、政治条件、经济条件、中间投入品的成本、有效需求的水平，等等。由于相对的区位优势会转换为超额利润，生产者会为了有利的场所和位置、为了支配特殊的市场范围等目的而相互竞争。资本家在寻求有利位置时，可以任意搬迁，如此便在资本主义活动的空间位置中产生了一种永远变动和不稳定的状态。但是，区位的唯一性所带来的排外性，使得空间位置总是具有某种垄断的趋势。实际上，资本家极力创造和保护他们的空间垄断权力，例如控制关键战略位置，或者控制资源丰富的地区。在某些情况下，强大的空间垄断权力极有可能带来地理学惰性。

其次，减少空间障碍的动力与“嵌入土地中的固定资本”的惰性之间的矛盾。资本主义生产有一种永不停息地减少空间障碍的动力，以及与之相伴随的永不停息地加速资本周转的冲动。马克思写道：“资本一方面要力求摧毁交往即交换的一切地方限制，征服整个地球作为它的市场，另一方面，它又力求用时间去消灭空间，就是说，把商品从一个地方转移到另一个地方所花费的时间缩减到最低限度。资本越发展，从而资本借以流通的市场，构成资本流通空间道路的市场越扩大，资本同时也就越是力求在空间上更加扩大市场，力求用时间去更多地消灭空间。”① 随着技术革命不断推进，交通运输工具也发生了革命性变化，

① ［德］马克思著，中共中央马克思恩格斯列宁斯大林著作编译局译：《马克思恩格斯全集》，第30卷，北京：人民出版社，1995年第2版，第538页。

结果是迁移的成本和时间的减少，以及运输服务的改善等，这一进程便会永无止境地推动地理范围发生变化。同时，铁路、公路、机场、港口、电缆网、光纤网、电力网、自来水和污水体系、输油管等基础设施构成了“嵌入土地中的固定资本”。尽管投资到国土中的固定资本推动了其他形式的资本和劳动的空间流动，但是为了实现其自身的价值，它还要求空间的交互作用遵循投资的固定地理学模式。若非如此，就会产生“嵌入在土地中的固定资本”的价值丧失。由此而带来的结果是，“嵌在土地中的固定资本”极大地阻碍了地理变迁和资本主义活动的重新安置。

因此，空间的竞争与垄断、集中与分散、固定与变动、动力与惰性，以及各种不同范围的经济活动之间的紧张状态，使资本主义活动的地理学景观充满了矛盾。[①] 在一定时期内，以上所有的紧张与矛盾可能产生相对稳定状态的地理学结构，称为“区域”。在一个特定的区域中，生产技术，分配结构，消费的方式和形式，劳动力的价值、数量和性质，以及所有必要的物质基础设施和社会基础设施就必须统统相互一致。每个区域都倾向于演化出一种属于自己的价值规律，与这种规律相关的是特殊的物质生活水平、劳动过程的形式、制度安排和基础设施的安排，等等。劳动过程的每次变化都必须与分配、消费等方面的变化相匹配，否则资本积累的稳定基础就无法得到保持。[②]

但是，资本家终归是资本家，过度积累必定会出现。“危机的源头总是具体地点或具体区域的资本的价值丧失”，[③] 这就迫使社会通过“空间修复”来寻求解决。从而通过输出资本、商品或生产能力，或者通过从其他区域输入补充的劳动力，一个区域的危机暂时得以解决。所以，大卫·哈维强调，某个区域的过度积累倾向仍然是不受抑制的，但是因为连续的、宏大的“外在转化”（ 或称“空间修复”），暂时避免

① ［英］大卫·哈维著，初立忠、沈晓雷译：《新帝国主义》，北京：社会科学文献出版社，2009 年版，第 83 页。

② ［英］大卫·哈维著，张寅译：《资本的限度》，北京：中信出版社，2017 年版，第 637 页。

③ 同上书，第 18 页。

了资本的价值丧失。

第二节 空间突破——通过地理扩张实现“资本超限积累”

如果一个国家或地区商品生产过剩、资本过剩或劳动力过剩，而且这种过剩无法在区域内部得到消化，无法再度转化为再生产的基础，就会面临价值贬值或价值丧失的风险。若不想使其贬值，就必须将它们送到其他地方，以寻找新的可能机会来获取利润，形成“资本超限积累”，这一过程即为“空间突破”。“空间突破”作为“资本超限积累”的路径是通过地理扩张实现的，这种扩张包括商品输出、资本输出、对生产资料的抢占，而且还有一些更为不人道的形式，即殖民主义、帝国主义以及新殖民主义、新帝国主义。

需要强调的是，空间突破往往结合着时间突破，由于地理扩张经常需要利用信用体系发放贷款，或者剩余资本被投资到长期的物质性和社会性基础设施等，要在多年之后才能通过这些项目所支持的生产活动来收回成本。

一、对生产环节限制的突破——资本输出

这里的资本输出特指为了缓解国内或某一地区的过度积累，必须把剩余的货币资本送到国外或其他地区，用过剩资本向其他国家或地区进行投资或发放贷款。对于资本“过剩”的理解，不能局限于在一个区域内资本绝对的、完全的无法再被利用，资本过剩实际指资本不能被获取高额利润的活动所利用，即马克思所说的“利润率的下降不能由利润

量的增加来抵消的那种资本过剩”。[①] 一方面，典型的资本主义国家不会用多余资本来提高贫苦大众的生活水平，从而看似“资本过剩”。正如列宁指出：“假如资本主义能发展现在到处都远远落后于工业的农业，假如资本主义能提高在技术获得惊人进步的情况下仍然到处是半饥半饱、乞丐一般的人民大众的生活水平，那当然就不会有什么过剩资本了。用小资产阶级观点批评资本主义的人就常常提出这种‘论据’。但是这样一来，资本主义就不成其为资本主义了，因为发展的不平衡和民众的半饥半饱的生活水平，是这种生产方式的根本的、必然的条件和前提。”[②] 另一方面，资本向国外输出，并非因为它在国内已经无法被利用，而是因为在国外可能由于劳动力报酬较低、生产资料价格便宜等因素能够获得更高的利润。

资本输出包括生产资本输出和借贷资本输出。其中借贷资本输出是指向其他国家提供贷款或援助时，资本主义国家往往附加各种条件，要求用一部分贷款来购买债权国商品，为输出过剩商品开辟了道路。此举是“要从一头牛身上剥下两张皮来”，第一张皮是从贷款取得的利息，第二张皮是要求债务国用同一笔贷款来购买他们的商品时取得的高额利润。美国所实施的国际援助几乎是与购买其商品和服务联系在一起的，因而这些援助实际上发挥了支持美国经济的效用。鉴于借贷资本输出常常联系着商品输出，这一点将在下文中考察，这里着重介绍生产资本输出。

一个地区的资本过剩可以在另外的地区找到一些获利的机会，资本家将过剩的资本向那些低成本或高利润的位置转移，在这种情况下，过剩资本得到吸收，形成在新的地域空间的“资本超限积累”。生产资本输出是在20世纪初期大大发展起来的。英国的过剩资本和劳动在美国以及南非、澳大利亚和加拿大等殖民地找到了出路，在那些国家建立了新的积累中心，并为英国商品带来了大量需求。据列宁统计，在大战前

① ［德］马克思著，中共中央马克思恩格斯列宁斯大林著作编译局译：《资本论》，第三卷，北京：人民出版社，2004年版，第279页。

② ［苏］列宁著，中共中央马克思恩格斯列宁斯大林著作编译局译：《列宁选集》，第二卷，北京：人民出版社，2012年版，第626页。

夕，英国、法国和德国的国外投资已经达到 1750 亿—2000 亿法郎。[①]此外，投资也有可能对这些国家国民经济的发展起到刺激作用。特别是投资资本被用来支持修建铁路、公路、港口、水坝，以及其他可以作为未来稳定的资本积累基础的基础设施，通常会具有长期性的效果。但是这些领域长期投资的回报率，最终取决于接收国是否具有强有力的积累活力。

资本输出通常伴随着资本主义生产方式与生产力的输出，其生产出的机器制成品相较传统手工业极具竞争优势，前资本主义的经济形式和产业形式遭到了毁灭，新的国际分工应运而生，迫使一些国家变成了原材料的供给者，以服务于主要从事工业生产的资本主义国家。

同时，资本主义不受约束的发展，其生产方式总是倾向于形成过度积累，接受投资的新的地域多年后也会发生生产过剩、资本过剩的情况，为了避免商品价值贬值或价值丧失，这个区域必须要为自己寻求空间突破，此时新的矛盾将会出现。这就会导致各国家在国际上竞争的加剧，堵住了原来输出资本的国家进一步实现空间突破的机会，从而引发国内的价值贬值或价值丧失。自 20 世纪 60 年代后期以来，日本和德国的资本成为美国资本的强有力的竞争者，这与美国资本在 20 世纪超越英国资本非常相似。

二、对消费环节限制的突破——商品输出

在特定区域内，人们对于商品的消费能力是有限的，为了避免过剩商品贬值或丧失价值，可以将这些商品输往别的地区或国家进行销售。一个地区出现的商品过剩可以被其他供应缺乏的地区所消耗，这种交易可以在短期内解决特定地区生产过剩的问题。重点是商品输入地具备可供支付的手段，如黄金或其他国际货币，或者是可进行贸易的商品。这种情况下，剩余商品被输出，货币或商品流回，生产过剩

① ［苏］列宁著，中共中央马克思恩格斯列宁斯大林著作编译局译：《列宁选集》，第二卷，北京：人民出版社，2012 年版，第 628 页。

的商品价值得以实现，再生产能够继续开展，缓解了短期的生产过剩紧张状态。

如果某一地区没有可支付的手段或商品，那么就要进行赊账或者接受援助。此时，输出商品的国家就会向这一地区出借货币或者贷款，并让其利用这些货币来购买自己生产的剩余商品。英国在 19 世纪对阿根廷就是这么做的，日本 20 世纪 90 年代对美国也是这么做的，通过贷款给美国并鼓励美国消费者购买日本商品。美国对其他国家也是这么做的，美国军工企业以“安全”为由，要求美国政府借款给外国政府，用来购买美国制造的军事装备。①

从表面上看来，用本国借贷出的资本来偿付对本国商品的订货，而一笔借款的本息又用另一笔新借款来支付，这样的交易是“愚蠢的”“荒谬的”。但是，极其符合“资本超限积累”的要求，因为国家不可能移动或消失，即使政府违约无法清偿债务，大量的土地、商品、劳动力都能作为还款被积累起来。以埃及为例，19 世纪后半期埃及开始修建尼罗河堤坝、苏伊士运河，以及棉花栽培等大型工程，于是英国、法国的资本进入埃及。从 1862 年赛德・帕沙募集头一笔借款，至 13 年后，埃及国债总额从 329.3 万英镑增至 9411 万英镑，大约增加 20 亿马克，最终导致国家财政崩溃。1878 年 10 月，欧洲债权人代表抵达亚历山大港，英法两国资本共同管理埃及财政，开始实施掠夺农民的新税种。1879 年埃及财政置于欧洲资本的永久管理之下，成立了设在开罗的埃及公债委员会。1878 年占有 4.31 万英亩面积的总督领地，变为国有地，典押给欧洲资本家作为国债的担保品，其他地产的绝大部分也尽归于英法两国公司。之后，埃及军队的叛乱和亚历山大港群众的暴动，为欧洲人提供了军事干预的借口，1882 年英军占领了埃及。诚如罗莎・卢森堡所指出：“剥去所有障人眼目的中间环节，那么它们包含一件简单的事实——埃及农民经济，大部分被欧洲资本吞没了：作为租税支付给国家的大块土地，无数劳动力及巨额劳动生产物，结果都变成了

① ［英］大卫・哈维著，初立忠、沈晓雷译：《新帝国主义》，北京：社会科学文献出版社，2009 年版，第 95 页。

欧洲资本，而被积累起来了。”①

自1980年以来，地区债务越来越成为一个全球性的问题，很多贫穷的国家，甚至一些大国，比如1998年的俄罗斯和2001年之后的阿根廷，发现难以偿还自己的债务。为了解决这一困难，由19个债权国所组成的巴黎俱乐部成立了，为那些难以还清自己债务的国家重新制订还款计划。然而，谢里尔·佩耶认为这种交易是一种“债务陷阱”，实际上是将贫穷国家纳入资本循环体系中成为过剩资本的接收器，从而债权国避免了资本过剩的损失，贫穷的接受国却因无法清偿债务而遭到了劫掠。②

三、对交换环节限制的突破——抢占重要生产资料

我们知道，一些重要的生产资料对整个产业而言是至关重要的，但由于其天然的不可再生性或稀缺性，构成了对资本积累的限制。资本家意识到这一点，就开始在全世界范围内抢占生产资料，这在20世纪初期帝国主义的疯狂肆虐中表现得尤为突出。各帝国主义国家极力争夺原材料产地，每个国家都希望排挤竞争对手，控制品种更多、面积更大的原料产地，掠夺更丰富的原材料及燃料，它们之间的资源争夺战愈演愈烈。20世纪30年代，各落后国家（包括殖民地、附属国）的22种最重要矿物资源开采总量中，7个主要帝国主义国家共控制了87.1%(1937)，其中美国为33.2%，英国为37.6%，法国为2.6%，荷、比、西、葡四国共13.7%；另有12.9%则分属于各落后国家的民族资本。第二次世界大战前，仅美、英、法三大帝国主义的垄断资本所控制的落后国家22种最重要的矿物原料资源及其开采量，除个别矿物或个别情况外，其控制比重都超过1/2，部分超过2/3以至4/5，

① ［德］罗莎·卢森堡著，彭尘舜、吴纪先译：《资本积累论》，北京：三联书店，1959年版，第351页。

② ［英］大卫·哈维著，初立忠、沈晓雷译：《新帝国主义》，北京：社会科学文献出版社，2009年版，第95页。

有的竟达 100%。[①]

在当今时代，抢占重要生产资料仍然是保障资本实现超限积累的重要前提。以石油为例，自 19 世纪中叶开采以来，其已经成为重要的战略物资。从国家的工业、农业、交通、国防到每个人的生活，石油都发挥了举足轻重的作用。石油能加工的产品，大体包括燃料（汽油、柴油、喷气燃料和燃料油）、润滑油（分为汽油机油、柴油机油、齿轮油、机械油等）、沥青、石蜡等各类油品约 500 多种；合成树脂、合成纤维（涤纶、腈纶、锦纶等）和合成橡胶等石油化工产品 1500 多种；以石油为原料制成的表面活性剂、添加剂、黏合剂、染料、涂料、香料、医药、农药和助剂等各类精细化工产品数不胜数，因此石油被喻为"黑色的金子""工业的血液"。

众多统计资料表明，1980 年以来，石油开采率远高于石油探测率，石油逐渐成为稀有资源。很多油田已经过了采油高峰期，美国的油田、北海油田、加拿大的油田、俄罗斯的油田以及中国的油田都是如此。只有中东的伊朗、伊拉克、沙特阿拉伯、阿联酋和科威特等国的油田才能保证供应量，从而中东地区的战略重要性不言而喻。有一种观点是，谁控制了全球石油动脉，谁就能统治全球经济；而谁控制了中东地区，谁就能统治全球石油动脉，至少从不远的将来看确实如此。至此，我们就不难理解，美国为何越来越多地直接采取军事手段插手中东事务。2001 年萨达姆改用欧元结算石油，公开挑战美元霸权。美国先后编织炭疽生物病毒、大规模杀伤性武器、恐怖组织等莫须有的罪名，最终凭借"9·11"事件的"东风"，于 2003 年对伊拉克发动战争。小布什 2006 年坦承："我这几年最困难的工作之一，就是如何将伊拉克与反恐战争联系起来。"[②] 美国占领伊拉克后，所做的第一件事就是将伊拉克石油交易的货币换回美元。据美国剑桥能源研究协会估计，战后伊拉克大油田 70% 以上的权益都被美英公司控制。

---

① 宋则行、樊亢主编：《世界经济史（上卷）》，北京：经济科学出版社，1993 年版，第 242 页。

② 田文林：《对利比亚战争的战略解读》，《现代国际关系》，2011 年第 12 期，第 23 页。

第三节　空间突破面临的矛盾

资本主义生产方式要想避免商品价值丧失、资本贬值以及经济危机，必须寻找其他途径来实现产品价值或者以营利方式来吸收剩余资本。地理扩张和空间重组为解决这一问题提供了选择。空间突破没有为资本主义危机提供完全的解决方案，但至少推迟了危机的产生，危机倾向由迅速的价值丧失转变为各个区域之间相互补偿的振荡。①

但是，现实并非止步于此，在空间突破为“资本超限积累”提供可能的同时，也引发了其他一些矛盾。这些矛盾使得国家之间面临着愈演愈烈的冲突与斗争，并且不排除军事战争的可能。这种不可持续性为“资本超限积累”蒙上了一层阴影，资本终究无法突破自身的界限。

一、不平等的交换

若要进行空间突破，其他国家“闭关锁国”是不符合要求的，因此利用空间突破来实现“资本超限积累”的资本主义国家迫切需要其他国家或地区开放市场，让自己的商品和资本能够进入，以寻求获利机会。不论是大卫·哈维所称的“非均衡性地理环境”，或者是列宁强调的“垄断”，实行空间突破，其实质是一个地区（或国家）对另一个地区（或国家）的掠夺，表现为不公平、不平等交换。特定地区（或国家）在损害其他地区（或国家）利益的情况下，获得了更多的财富和享乐。通过不平等交换，财富和权力更进一步高度集中于特定地区，尽量持久地保持这种不平等交换模式成为资本主义国家的一个重要职责。

在商品交易中，一些国家常常打着自由贸易、公开竞争、公平竞争

① ［英］大卫·哈维著，张寅译：《资本的限度》，北京：中信出版社，2017 年版，第 653 页。

的旗号，呼吁其他国家与自己进行贸易。然而，现实情况是这些说辞完全都是在市场崇拜掩盖之下的骗人谎言。发达资本主义国家较之其他不发达地区具备更高的劳动生产率，一般而言，发达资本主义国家一个工作日的产品同其他不发达国家几个工作日的产品进行等价交换，实现了价值从劳动生产率低的不发达国家向劳动生产率高的发达国家的转移。

在实际生产中，发达资本主义国家有效地控制了电子设备、计算机软件、高科技仪器、药品、汽车、石油制品、奢侈品和其他商品的生产，并通过专利权、许可法和知识产权等手段保护技术优势，在这种情况下，拓展新的市场并不会带来竞争。而其他不发达国家和地区，主要生产初级产品和劳动密集型工业品，这类大宗产品没有技术含量，有众多生产者，难以形成市场垄断力量。从长期来看，这两类国家间的交换关系，必然是发达资本主义国家贸易条件优化以及其他不发达国家的贸易条件恶化。

此外，发达资本主义国家对国内所谓“敏感行业”设置贸易壁垒，例如在农产品行业，表现为配额管理、提高检验检疫标准、对本国农业实行高额补贴，等等。然而，这些高筑壁垒的部门，大都是其他国家的优势产业，这样做无疑抑制了这些国家的贸易和长期经济发展。

二、价值丧失输出的竞争

空间突破使剩余资本得到暂时的吸收，从而形成“资本超限积累”。虽然某一地区遭受周期性的困难，但是通过一轮接一轮的空间突破，资本从一个地区流向另一个地区，整个资本主义体系仍然保持相对稳定性。这种空间突破的总体效果是临时降低了过度积累和贬值所带来的严重危害，使得局部的困难得到暂时的解决。

但是，从长期来看，各个资本积累地区都会出现过度积累的倾向，在价值丧失的威胁面前，每个地区都企图利用其他地区来减轻自己内部的问题，每个地区都被迫要周期性地运用空间突破以减轻或消除该地区内部的危机。因此，为了避免遭受残酷的价值丧失和经济危机，过度积累的各个地区被迫输出局部性和区域性资本贬值和资本损耗（空间突破），各个地区展开激烈的斗争，从而使得国际竞争表现为越来越激烈的态势。

“失业的输出、通货膨胀的输出、闲置的生产能力的输出成了这场比赛的赌注。贸易战、倾销、利率战、对资本流动和外汇交易的限制、移民政策、殖民主义的征服、对附属经济体的压制和统治、在经济帝国中对分工的强行重组，最后是通过战争来给敌国的资本造成物理上的毁灭和强行的价值丧失。”① 在激烈的竞争中，那些最弱小的、竞争力弱的区域陷入严重的价值贬值和价值丧失危机，或者是各个区域之间爆发政治斗争，甚至军事对抗的危险。

三、帝国主义扩张与民族国家的对抗

空间突破（包括货币贷放、海外投资、商品输出等），并不一定是帝国主义，也不尽然导致扩张的政治策略。然而必须看到，单纯的经济活动，特别是在跨越了国家界线的经济活动会遭遇很大的风险，常常带有冒险与赌博的性质。实施空间突破的资产阶级逐步认识到政治体制可以用来保护个人的财产，政治权力是一项利器，可以抗击冒险与赌博的风险，因此，他们积极寻求政府来保护他们的事业，唯有权力的无限制扩张，才可能无限制的囤积资本。“资本超限积累”与权力的无限扩张相互促进，无限扩张的权力有助于实现资本无限积累的欲望。

资产阶级为了实现“资本超限积累”，转而寻求政治权力的庇护，同时也将资本主义永无止境的生产、不停的经济增长的原理强加于国家的政治之上，鼓噪“扩张”即是国家外交政策的终极目标。从而为保护无止境的资本积累而伴随的无止境的权力扩张的过程，预示了帝国主义的兴起。

一方面，扩张会引起被征服民族国家的奋起抵抗。民族国家的基础

① ［英］大卫·哈维著，张寅译：《资本的限度》，北京：中信出版社，2017 年版，第 668 页。

建立在人民真诚的共识之上，而此种基础无法无限制扩展，因此民族国家最不适合无限制的扩张。一个国家征服了另外的一个国家，很难赢取被征服人民的共识，随征服而来的，往往是压迫榨取、强迫同化、强迫认同，而非真诚结合与正义公理。因此，当帝国主义国家企图征服其他民族国家时，会激起被征服国家的民族意识，反抗帝国主义行径。民族国家对独立自主的渴望将会阻止帝国主义的企图，“资本超限积累”也会遭遇失败。

另一方面，扩张会引起实施空间突破的国家相互之间的竞争、对抗、对立，直至战争。20 世纪 30 年代，英国封闭了英联邦的贸易，日本扩张到了中国东北和亚洲大陆，德国扩张到了东欧，意大利扩张到了非洲，不同的地区相互对立，追求本地区的空间突破。不同地区的资本为了实现空间突破而争夺市场、抢夺自然资源和劳动力而不断发生冲突，很有可能会升级为政治冲突，诱发帝国主义行为。战争最终打响了，“帝国主义之间的战争在资本积累的动态中是建构的环节，而不是反常的、偶然的现象或单纯的过度贪婪的产物”。①

本章小结

发达资本主义国家向来有对外扩张的传统，包括罗莎·卢森堡、列宁、大卫·哈维在内的许多学者都曾对这种行为提出了自己的解释。本章联系前人的理论，结合资本主义向外扩张的历史与现实，将这种状态理解为资本在其他空间寻求增值，是实现“资本超限积累”的路径之一，并称之为“空间突破”。

空间突破可能采取资本输出、商品输出、抢占生产资料等方式，综合表现为殖民主义、帝国主义、新殖民主义、新帝国主义行径，其主要

① ［英］大卫·哈维著，张寅译：《资本的限度》，北京：中信出版社，2017 年版，第 674 页。

目的就是为避免过剩资本或过剩商品的价值贬值或丧失，而寻找新的获利渠道和市场以形成“资本超限积累”。但是，空间突破也引发了一系列矛盾，如不平等的交换、各地理区域对价值丧失输出的竞争、帝国主义扩张与民族国家的对抗等，这些矛盾使得地区之间、国家之间面临着愈演愈烈的冲突与斗争，甚至可能引发战争。

第四章
“资本超限积累”的路径——技术突破

社会生产的发展离不开技术，抛开技术进步谈论经济发展是不现实的。“结构性增长”“产业结构优化与升级”“经济增长方式转变”“科学技术是第一生产力”等概念或命题都表明技术对经济发展的重要影响。本章基于马克思、熊彼特、曼德尔、门施等经济学家对技术创新的阐述，研究在资本积累陷入停滞的情况下，技术的基础创新对资本积累所产生的积极影响，并将这一过程称为实现“资本超限积累”的“技术突破”。

第一节　对技术作用的探讨

“技术创新作为竞争的最重要的形式，是价值增值的另一个重要源泉。”① 一直以来，经济学家非常重视技术与经济的结合，努力探索技术进步与经济发展的相互关系，关于技术以及技术作用的探讨总是内含在马克思的各种著作中。

① 孟捷：《马克思主义经济学的创造性转化》，北京：经济科学出版社，2001 年版，第 72 页。

一、马克思对技术的论述

马克思十分注重技术的运用在总生产过程中所发挥的作用。在他所处的时代，“技术”一词还没有得到广泛的使用，他常常用技术的物化形态，即工具、机器、手推磨、蒸汽磨等，或用抽象的词汇，如技巧、技艺、工艺学、工业等指代“技术”。其著作中对“技术进步”的描写也是非常具体的，包括机器的大规模使用、生产工艺的改进、生产组织方式的进步、知识经验的积累等都是技术进步的体现。

“马克思将技术进步分为两种类型：劳动节约型技术进步和资本节约型技术进步。”① 首先，随着资本主义生产力的发展，技术进步产生了对于劳动力的节约。马克思总结了资本主义具有节约生产中所使用的活劳动的趋势，由于资本主义生产方法、技术的日益发展，生产过程中趋向于更多地使用机器和一般固定资本，一定价值量的可变资本能够推动或加工数量不断增加的不变资本（即机器、原料、辅助材料），这种趋势导致了在长期不变资本相对可变资本的增加，体现为资本有机构成的提高。即相比于总资本量的增加，可变资本的量（对劳动的需求）相对减少了。其次，技术进步产生了对于资本的节约。在《资本论》第三卷第五章中，马克思专门论述了资本节约型技术进步。“技术进步下的资本节约有如下几方面的体现：一是生产资料共同使用使得生产资料节约；二是生产资料集中使得建筑物节省；三是废料的循环利用使得原料节约；四是劳动生产率提高使得资本品相对便宜；五是机器的改良使得不变资本节约；六是流通时间的缩短使得不变资本节约；七是科技发明产生的节约；八是工人知识经验积累使得生产资料节约。”②

就技术进步对经济发展的作用而言，马克思也从正反两个方面进行了说明：一方面，技术进步可以促进经济增长。资本主义社会中技术进

① 唐永、范欣：《技术进步对经济增长的作用机制及效应——基于马克思主义政治经济学的视角》，《政治经济学评论》，2018 年第 9 卷第 3 期，第 150 页。

② 同上书，第 150 页。

步最集中的体现为机器的大规模使用，如此能够提高劳动生产率，降低商品的单位价值，增加产品的市场份额，最大限度地获取相对剩余价值。马克思通过分析第一次工业革命后技术进步的情况，认为“财富的创造”较少取决于劳动时间和劳动量，而更多取决于科学水平和技术进步，或者说科学在生产上的应用。①

另一方面，长期来看，伴随着资本主义生产方式下社会生产力的发展，资本有机构成不断提高，马克思得出结论，在劳动剥削程度不变甚至提高的情况下，剩余价值率会表现为一个不断下降的一般利润率。此外，马克思认为，在出现了快速技术进步的情况下，生产力的快速发展会使得劳动生产率得到巨大提高，导致产品过剩，需要实现的价值和剩余价值在不断增长，这使得产品的实现变得愈发困难。

二、技术创新功能

马克思的论述其实暗含了一些假设，包括假定价值增值的使用价值（产品）在长期没有变化，假定资本积累的主导生产部门在长期没有变化，技术的运用使得既定产品生产效率提高或既定产品生产成本降低。同时，也正是由于这些暗含的条件，马克思得出了在长期趋势中，资本有机构成将增长，一般利润率将不断下降的结论。

然而，这仅仅体现了技术作用的一个方面。现实中，资本积累不可能在生产既定不变的使用价值的基础上、在既定不变的生产部门的基础上进行。资本积累是在部门不断创新和分工体系不断扩大的条件下进行的，只有充分考虑技术的创新作用，才能对资本积累的现实情况做出合理的完整的解释，从而丰富马克思主义资本积累理论。

实际上，马克思意识到了技术创新对经济的作用，但是却没有展开论述。国内学者孟捷猜测，这不是马克思偶然的疏忽，因为一旦引入产

① ［德］马克思、恩格斯著，中共中央马克思恩格斯列宁斯大林著作编译局译：《马克思恩格斯文集》，第8卷，北京：人民出版社，2009年版，195页。

品创新及部门多样化，马克思的利润率下降理论的前提就会动摇。[①] 马克思在1857—1858年经济学手稿中提到了通过生产新的使用价值来获取剩余价值的途径，“生产相对剩余价值，即以提高和发展生产力为基础来生产剩余价值，要求生产出新的消费；要求在流通内部扩大消费范围，就像以前在生产绝对剩余价值时扩大生产范围一样。第一，要求在量上扩大现有的消费。第二，要求把现有的消费推广到更大的范围来造成新的需要。第三，要求生产出新的需要，发现和创造出新的使用价值。换句话说，这种情况就是：获得的剩余劳动不单纯仍然是量上的剩余，同时劳动（从而剩余劳动）的质的差别的范围不断扩大，越来越多样化，本身越来越分化。”[②] 马克思指出，要探索世界上新的有用物体和物的新的有用属性，要发现、创造和满足社会产生的新的需要，要创造新的生产部门以形成不断扩大和日益丰富的生产体系。[③]

三、现代创新理论

（一）约瑟夫·熊彼特的“创造性破坏”创新理论

长期以来西方主流经济学家遵循的是一般均衡范式，但是熊彼特认为经济发展并非静态的、均衡的，而是动态的、非均衡的，并且强调“创新”是推动经济发展的动力源泉。熊彼特非常重视生产技术和生产方法的革新在资本主义经济发展过程中的作用，他指出技术创新是推动经济增长的最重要的动力，例如蒸汽机、铁路、电力和汽车等重大创新，推动了具有扩张性质的资本积累。他认为，“创新”是内在的因素，不断地从内部革新经济结构，即不断地破坏旧的、不断地创造新的结构的这种“创造性的破坏”，是资本主义的本质。

按照熊彼特的观点，所谓“创新”，就是把一种从来没有过的关于

① 孟捷：《马克思主义经济学的创造性转化》，北京：经济科学出版社，2001年版，第105页。

② ［德］马克思著，中共中央马克思恩格斯列宁斯大林著作编译局译：《马克思恩格斯全集》，第30卷，北京：人民出版社，1995年第2版，第388页。

③ 同上书，第389页。

生产要素和生产条件的“新组合”引入生产体系，其包括以下五种情况：（1）生产新产品或一种产品的新的特性；（2）引用新技术，即新的生产方法；（3）开辟新市场；（4）控制原材料或半制成品的新的供应来源；（5）实现新的企业组织方式。[①] 在熊彼特看来，作为资本主义“灵魂”的“企业家”的职能就是实现“创新”，只有在实现了“创新”的情况下，才能被称为企业家，才能够产生利润，才有资本和利息，否则只是一成不变的“循环流转”。

熊彼特还运用他的“创新理论”分析了经济周期的形成和特点。他认为，由于“创新”的出现，不是连续地、均匀地分布在时间序列上，而是有时“蜂聚”，有时停滞。同时创新的类型千差万别，对经济的影响就有强弱之分，这就形成了经济周期的起伏波动。他首次提出在资本主义的历史发展过程中，同时存在着长、中、短“三种周期”理论，通过分析历史统计资料，他认为周期的变动，特别是长周期的变动同各个周期内的“创新”有着相当密切的联系。第一种周期是长周期，或称“长波”或“康德拉季耶夫周期”，每一个周期历时 50 年左右。熊彼特把近百余年来资本主义的经济发展过程分为三个“长波”，而且以各个时期的主要技术发明和它们的应用作为各个“长波”的标志。具体划分为：1783—1842 年是第一次“产业革命时期”，1842—1897 年是“蒸汽和钢铁时代”，1897—1920 年代末是“电气、化学和汽车时代”。第二种周期就是通常所说的平均 9 到 10 年的资本主义经济周期，又称“尤格拉周期”，由法国的克莱门·尤格拉于 1860 年提出。第三种是平均大约 40 个月的所谓“短周期”或“短波”，又称“基钦周期”，由美国的约瑟夫·基钦于 1923 年提出。[②]

（二）格哈德·门施的“创新战胜萧条”理论

德国经济学家格哈德·门施推进了熊彼特的研究，主要体现在以下三个方面：

---

① ［美］约瑟夫·熊彼特著，何畏、易家详等译：《经济发展理论——对于利润、资本、信贷、利息和经济周期的考察》，北京：商务印书馆，2011 年版，第 76 页。

② 同上书，第 305—307 页。

第一，他区分了技术创新的两个方面，即技术的基础创新和技术的改进创新。将新发明的材料或技术首次运用于生产之中，并进一步创造新的市场和新的工业分支来供应这些产品和服务，这类对技术的应用就称为“技术的基础创新”（图4—1）。门施认为技术的基础创新是推动经济增长的最重要的动力，经济停滞则来源于基础创新的匮乏。而在已经建立的工业分支中，对现存的工业分支或现存产品的改善、更新，这类对技术的应用称为“技术的改进创新”。[①] 例如，引入在质量、可靠性、易用性、环境保护、原材料使用、劳动力成本等方面优于之前产品的新产品，也可应用新的和更好的生产技术，使旧产品或新产品更可靠、质量更好、数量更多，或价格更低。

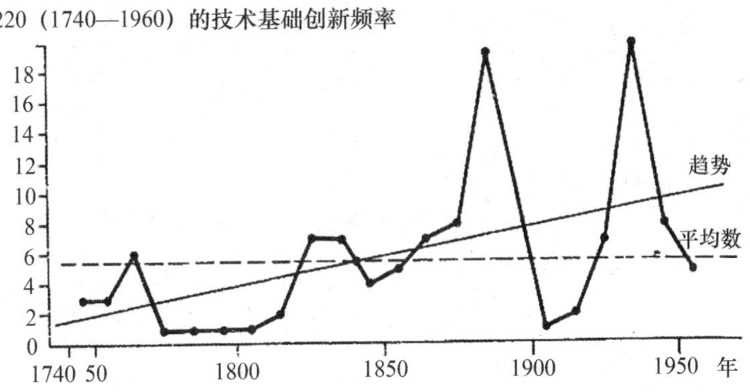

图4—1　技术基础创新增加的时期

资料来源：Gerhard Mensch，Stalemate in Technology，Cambridge：Ballinger Publishing Company，1979，Figure 4－1.

第二，他以实证方法证明了熊彼特的创新蜂聚假说。他通过实证研究发现，技术创新是间断的、不连续出现的，在1764年、1825年、1886年、1935年左右，蜂聚般地出现了基础创新，而这些关节点都正值经济萧条时期（或称“技术僵局”时期，因为门施认为经济萧条来

① Gerhard Mensch，Stalemate in Technology，Cambridge：Ballinger Publishing Company，1979，p. 122.

源于技术创新的缺乏）。[①] 基于此，门施提出了萧条引致基础创新蜂聚的假说，即经济衰退和大危机是推动创新高潮出现的主要动力，而大批技术创新的出现则成为经济走出萧条，获得再次发展的基础。

第三，门施不同意康德拉季耶夫、熊彼特和库兹涅茨的经济波动模式。通过对长时期经济统计资料的汇总，他认为经济的长期波动不是连续的波形，而是断续的S形曲线，提出了“长波的变形模式”。变形模式表明，当出现大危机时，资本的边际效率会突然崩溃，形成曲线的断裂和突然地下跌，同时危机时期又是技术创新蜂聚出现的时期，技术的基础创新能够克服危机，使得经济增长再度出现上升。

第二节　技术突破——通过技术基础创新实现“资本超限积累”

结合上述经济学家对技术创新作用的论述，本节提出“技术突破”是实现“资本超限积累”的路径之一。技术突破是指在社会总生产过程中，由于生产、分配、交换、消费各环节的内部矛盾所导致的资本积累停滞，可以通过技术基础创新，建立起新的产业分支，开辟新的市场等途径来实现“资本超限积累”。在基础创新之后开展的改进创新——对现有产品的质量、结构、材料、成本、生产流程等方面的改进或者引入优于之前产品的新产品——作为产业继续向前发展的推动力，虽然也能够增加产品竞争力，促进产品销售，对资本积累起到一定的积极作用，但是在整个经济出现萧条与资本积累停滞的情况下，技术的改进创新的作用是非常有限的（在本章第三节将看到，实际上改进创新停滞与资本积累停滞处于同一时间），本节不将其纳入“技术突破”的范畴。

① Gerhard Mensch, Stalemate in Technology, Cambridge: Ballinger Publishing Company, 1979, pp. 124 – 134.

一、经济萧条（或资本积累停滞）催生出技术基础创新的浪潮

与“创新是稳定地、均匀地、持续不断地出现”的理论不同，门施认为基础创新的出现表现为不均匀地、不连续地蜂聚出现，并且技术创新与整体经济动态相适应，技术的基础创新往往发生于经济的萧条阶段（这一阶段对应的是资本积累几乎停滞，内外矛盾最为突出的时期），然而，在帮助经济战胜萧条后，技术创新即陷入僵局。总体上，从长期来看，技术创新表现为不均匀地、剧烈地潮起潮落，技术僵局与技术创新交替循环出现。

经济周期包括繁荣、衰退、萧条、复苏四个阶段。萧条阶段是经济发展的最低谷，表现为生产过剩、产品滞销、企业盈利水平极低、大量企业破产倒闭、失业增多等。在这个阶段，资本积累的内外部矛盾异常突出，利润率降到很低，资本积累几乎停滞。这种情况下，“剩余价值率的增加不能单靠增加工作量、加快工作速度、强化现行劳动过程等方法，而是需要深刻改变这个过程”。①

“如果需求是发明之母，那么萧条就是基础创新之母。”② 在经济萧条时期，更能够激发出技术基础创新的冲动。旧的技能和工艺已经过时，必须开发新的方法；国家因经济萧条面临着巨大的压力，开始鼓励有可能改变现状的发明创新的开展；从已经停滞不前的产业中逃离出来的资本和劳动，投入到新的技术的研究与开发；在经济停滞的情形下，对于新观点、新想法的反对意见消失了，人们指望着从任何可能的地方来摆脱萧条。

结合康德拉季耶夫长周期，门施发现基础创新的浪潮（在 1764 年、1825 年、1886 年、1935 年左右）全部发生在经济萧条时期。然而，批

---

① ［比］欧内斯特·曼德尔著，南开大学国际经济研究所译：《资本主义发展的长波——马克思主义的解释》，北京：商务印书馆，1998 年版，第 37 页。

② Gerhard Mensch，Stalemate in Technology，Cambridge：Ballinger Publishing Company，1979，p. 178.

评者认为，技术创新的激增只不过是偶然现象，如果没有有效的理论解释创新潮周期性的发生，这就意味着只能将创新的潮起潮落视为随机现象。针对批评言论，门施计算了产生创新潮模型的随机概率。计算结果显示，在随机的100次情况中只能够产生两到三次这样的创新潮模型，也即意味着创新潮偶然出现的概率仅为2%—3%。“因此，必须把创新潮不断起伏的模型作为一个可靠的经验事实。”①

二、技术突破是对原有生产总过程的整体突破

在资本积累的过程中，存在着不断增加的内部限制和外部限制，资本积累的停滞可能由生产总过程的任何一个环节，或者是各环节之间的矛盾而引发，出现资本积累困难。这里的技术突破，并非在原有的生产体系中对资本积累各环节的限制或矛盾进行超越（即不是缩短生产时间、缩短流通时间，不是扩大产品销售市场，不是压缩生产资料的成本、减少流通费用等）。资本不再停留于原先的生产领域中，而是通过扩容分工体系，从新兴的产业中寻求“资本超限积累”。

在原有的分工和交换价值体系的基础上，资本积累的实现条件遭到破坏，对于资本积累来说，原有的交换价值体系太过狭小了，资本主义生产方式只有在一个不断扩容的分工体系中才能繁盛起来。技术的基础创新有利于形成新的投资机会，由此结束了投资者的悲观情绪和观望态度，随后，满足实际需求的新兴产业建立起来。新兴产业部门扩大了社会劳动分工体系，扩大了既有的交换价值体系，避开了旧产业中资本积累的矛盾与限制，由此为资本积累带来新的源泉。

事实证明，新产业的建立、新市场的开辟以及增加的投资和就业，能够形成经济的扩张阶段。“通过一系列的技术创新来克服技术僵局（经济增长过程中的调整与暂停），这些创新提供了丰富的新领域。通

① Gerhard Mensch, Stalemate in Technology, Cambridge: Ballinger Publishing Company, 1979, p. 134.

过这种方式，经济可以从危机中复苏。”[①] 1913 年，范·盖尔德伦曾经分析了资本主义历史上的两次长期扩张周期（1850—1873 年、1896—1913 年），他认为铁路、电力、汽车等新兴产业的崛起增加了对其他相关生产部门的需求，从而刺激了整体经济的增长。[②] 各产业之间的逻辑关联，使得一个产业的扩张能够连锁地带动其他产业的不断扩张，从而拉动整体经济。

三、技术突破产生超额利润

通过技术突破建立起的新产业部门，会出现超额利润。[③] 采用新技术而建立的新产业，由于技术的专有性、难以模仿性，或者由于专利保护和技术标准，形成了其他竞争者暂时无法轻易进入的行业壁垒，因此，在一定时期内，这些稀缺的、独特的技术资源就成为超额利润的决定性因素。新的一般利润率是超额利润平均化的结果，因此比之前的利润率水平要高。

比利时经济学家曼德尔在《晚期资本主义》一书中提出了“技术租金”的概念，曼德尔指出：“超额利润的重要源泉现在是在‘技术租金’中发现的。对技术创新和相应的超额利润的持续的、制度性的渴求，成了晚近资本主义企业、特别是晚近资本主义大公司的典型特征。”[④] 技术租金的普遍出现是与技术革命和经济长波的上升阶段联系在一起的。曼德尔认为，技术租金是以市场的“结构性稀缺”为条件，即对某种新产品的需求长期超过了供给，新产品的价格是由生产率最低的企业决定的，因此整个行业都能获得超额利润，若此种状况持续一段时间，就表现为“技术租金”。

---

① Gerhard Mensch, Stalemate in Technology, Cambridge: Ballinger Publishing Company, 1979, p. 131.

② 孟捷：《马克思主义经济学的创造性转化》，北京：经济科学出版社，2001 年版，第 98 页。

③ 超额利润是指其他条件保持社会平均水平而获得超过市场平均正常利润的那部分利润。

④ Mandel, Late Capitalism, London: Verso, 1975, pp. 224 - 225.

四、技术突破使过剩的资本与劳动重新加入资本积累

马克思曾指出，“由于生产力提高一倍，以前需要使用100资本的地方，现在只需要使用50资本，于是就有50资本和相应的必要劳动游离出来；因此必须为游离出来的资本和劳动创造出一个在质上不同的新的生产部门，这个生产部门会满足并引起新的需要。旧产业部门的价值由于为新产业部门创造了基金而保存下来，而在新产业部门中资本和劳动的比例又以新的形式确立起来。”① 随着社会生产力的发展，过剩资本和劳动从原有的产业中游离出来，这些资本与劳动，若不被再次投入到生产中，就无法形成资本积累。由于对利润的追求，过剩的资本与劳动不会被投入到停滞不前的产业中，因为这些夕阳产业利润率非常低，资本积累过程中的矛盾也不断堆积，再次投入到这些产业是极不符合资本积累逻辑的。

正如马克思所述，新产业开辟出新的市场（例如，电视广播的出现、计算机与互网络的普及、移动电话的问世都开辟了前所未有的新型市场），为过剩资本找到了出路。过剩的资本和劳动被吸收到新产业中，重新开始参与剩余价值创造与资本积累，同时自然界更多的资源被卷入到资本化的漩涡中。于是，社会经济扩张了，变得层次越来越高，越来越庞大。② 英国经济学家克里斯托弗·弗里曼强调，在新兴产业初创期，生产具有劳动力密集性质，因此新兴产业的出现和发展需要大量劳动力，这一性质在铁路、汽车业和电子工业的发展初期表现得十分明显。同时新兴产业的发展会促进相关产业的发展，从而对扩大就业产生第二层次的影响，于是对劳动力的需求成倍增加。他认为，第一次世界大战前和20世纪50—60年代都属于这种情况。③

① ［德］马克思著，中共中央马克思恩格斯列宁斯大林著作编译局译：《马克思恩格斯全集》，第30卷，北京：人民出版社，1995年第2版，第389页。

② 鲁品越：《资本逻辑与当代现实——经济发展观的哲学沉思》，上海：上海财经大学出版社，2006年版，第66页。

③ 赵涛：《简评当代西方长波学派》，《经济研究》，1987年第7期，第38页。

另一方面，如果旧产业本身面临资本积累困难、利润率极低的状况，新产业的成功也会吸引旧产业中的资本与劳动逃离出来，进入新产业。重新进入新产业的资本与劳动，经过改造与转型，将会产生超过它们在旧产业体系中的剩余价值，加速旧企业的瓦解。这个过程正是熊彼特所称的“创新—毁灭过程”。

第三节　技术突破面临的矛盾

技术创新虽然能够对“资本超限积累”形成积极的影响，但是由技术创新推动形成的新产业部门有其生命周期，当其进入生命周期的衰退阶段，技术创新陷入僵局，市场饱和，利润率持续下降，资本积累便再次停滞。

一、技术的僵局

随着旧产业和旧产品的衰落，技术创新可能会如火如荼地开展起来。技术的基础创新创造了新的产业和新的市场，带来了新的投资机会，提供大量的就业领域。新形成的产业部门能够获取超额利润，形成“资本超限积累”。但是，“资本超限积累”不会一直持续下去，随着产业走向成熟和衰退阶段，资本积累会逐渐缓慢，最终陷入停滞。

第一，随着技术创新的扩散和发展，超额利润逐渐减少并消失。当一个企业通过技术创新而获得了超额利润时，其他企业会想方设法模仿其核心技术，进入该领域。新产业竞争加强，新产品的“结构性稀缺”将逐渐消失，产品的供给增加，价格降低，那些生产率低的企业将不再决定产品的市场价格，全部门的超额利润就趋于下降直至消失。

第二，在产业发展的后期阶段，技术创新（此时主要是改进创新）陷入僵局。在由基础创新建立起来的新产业上，进一步发展就要靠改进创新。产品生命周期通常通过改进创新来实现。通常，生命周期将由看似持续不断的改进创新引发，而一系列的改进创新为工业部门的增长过程提供动力。

在产业增长的早期阶段，相互竞争的公司通过改进创新来提升自己的优势。它们快速地推出新产品和新生产流程，以获得尽可能大的市场份额。生产流程的创新旨在降低成本、减少浪费，以便在必要时降低价格，以赢得价格竞争。产品的创新使得产品性能更加完善、产品品种更加丰富，以期更多的买家会购买这个品牌的产品。

然而，在产业发展的后期，改进创新越来越被“伪创新”所取代，真正的技术创新越来越少，技术创新陷入僵局。一是在成熟市场中，大多数产品都已进入标准化的量产阶段，生产设备也按照标准进行定制，流水线、厂房已建设完毕，市场策略也明确制定出来，而企业组织的过度发展使其变得缺乏灵活性。二是由于可能的改进创新都已经被实施过，未来没有值得改进的地方。三是一些大企业已经占据有利的市场地位，或者政府规章和其他机制设置了竞争的障碍，企业改进创新的欲望降低了。总之，随着行业达到增长潜力的极限，改进创新变得越来越少，并逐步被“伪创新”所取代。通过追踪 66 个产品组的质量改变，门施发现，在产业的这一阶段，2/3 的产品组中（43 个组）没有发现功能方面的改进。生产者在一些细枝末节上进行的“伪创新”，使得其在不诉诸非法价格操纵或行业垄断的情况下，轻松地保持价格，而购买者只能被动地接受这些无需求弹性的产品。①

第三，在产业发展后期阶段，技术创新停滞，产品市场趋于饱和，利润率不断下降，资本积累陷入停滞。技术创新的停滞，或者仅仅实施越来越无效的“伪创新”，一方面使得投资收益递减，对该部门投资机会将越来越少；另一方面，产品市场趋于饱和，产品丧失了对消费者的吸引力，需求停滞，出现过剩产品和过剩生产能力。新产品、新技术变成旧产品、旧技术，产业进入衰退阶段，资本积累再次停滞。

---

① Gerhard Mensch, Stalemate in Technology, Cambridge: Ballinger Publishing Company, 1979, p. 60.

二、技术双刃剑

在资本逻辑的驱动下，技术创新不断进行，社会分工体系与交换价值体系不断扩大并向纵深发展。但是，技术创新在成为人类自我解放力量，成为“资本超限积累”推进器的同时，也可以成为反制人类自身的破坏工具。

第一，技术创新的非理性发展导致日益严重的资源危机和环境危机。

资本主义社会生产对剩余价值的无度追求凌驾于人类本身对于使用价值的需求，也突破了自然界所能承受的极限。资本扩张的过程同时也是将所触及的自然资源货币化、资本化，不断吞噬、吸纳到资本循环体系的过程。[①] 为适应资本积累所进行的技术创新的非理性发展，而忽视自然界所能提供的界限，忽略生态系统可持续更新的问题，将造成自然资源枯竭与生态系统崩溃，最终结果只会是日益严重的资源危机与生态危机。

第二，技术创新的非理性发展将导致人的发展受到限制。

技术进步大大促进了社会劳动的专业化分工。每个工人不再掌握生产某种产品的全面技能（例如制鞋、制衣、纺织、冶炼等），而是被固定在某一特定的工作环节，仅仅掌握特定环节的操作技术。卓别林在电影《摩登时代》中淋漓尽致地展现了大工业时期工人的生活现状，卓别林的工作任务是拧紧六角螺帽，他眼睛里唯一能看到的东西就是六角螺帽，生活中所出现的六角形东西他也会情不自禁地去拧，他俨然已经成为机器生产体系中的一个零部件，成为服务于机器的工具。然而，他拼命地工作却依然无法改变贫穷的生活，单调疯狂的机械劳动终于使他精神失常，遭遇失业。正如马克思所说的：“我们看到，机器具有减少人类劳动和使劳动更有成效的神奇力量，然而却引起了饥饿和过度的疲

① 鲁品越：《资本逻辑与当代现实——经济发展观的哲学沉思》，上海：上海财经大学出版社，2006 年版，第 111 页。

劳。财富的新源泉，由于某种神奇的、不可思议的魔力而变成贫困的源泉。技术的胜利，似乎是以道德的败坏为代价换来的。随着人类愈益控制自然，个人却似乎愈益成为别人的奴隶或自身的卑劣行为的奴隶。”①

美国社会学家马尔库塞用“单向度社会”和“单向度的人”来揭露发达社会的人性异化现象，技术进步的力量从反面来看成为压制人类自身发展的枷锁，人失去了自身发展的独立性和自主性。

本章小结

我们所熟悉的“科学技术是第一生产力”，说明了经济与社会的发展离不开技术进步。马克思高度重视技术发展对于社会总生产过程的巨大作用，一方面强调技术进步能够提高劳动生产率，促进经济增长与财富创造；另一方面，伴随着技术进步产生节约劳动的效应，马克思推导出资本有机构成将不断提高，剩余价值率会表现为不断下降的一般利润率的结论。然而，这个结论暗含了在长期主要生产部门与所生产的使用价值没有变化的假设，忽视了由技术创新引发的新产业与新市场的创造对资本积累所产生的积极影响。

鉴于此，本章结合熊彼特、曼德尔、门施等经济学家对技术创新的阐述，研究了技术创新对资本积累所产生的作用。发现在资本积累陷入停滞的情况下，技术的基础创新能够建立起新的产业分支，开辟新的市场，从而使过剩的资本与劳动重新加入资本积累、产生超额利润，是实现“资本超限积累”的路径，本章将这一过程称为“技术突破”。然而也要看到，由技术突破建立的新产业部门有其生命周期，当其进入生命周期的衰退阶段，技术创新陷入僵局，资本积累再次停滞。

① ［德］马克思著，中共中央马克思恩格斯列宁斯大林著作编译局译：《马克思恩格斯全集》，第12卷，北京：人民出版社，1962年第1版，第4页。

第五章

“资本超限积累” 的路径——制度突破

在经济学的发展过程中，机制分析、数量分析和制度分析这三大分析体系均占有重要地位。[①] 经济活动中的经济关系是纷繁复杂的，市场机制这只“看不见的手”难以自动协调好各经济主体之间的利益关系，市场失灵并非偶然；依赖于诸多假设的定量分析不能完全贴合实际，其精确的计算亦无法解释复杂的经济难题。鉴于机制分析和数量分析的缺陷，以及经济问题与社会问题的交织关联，人们愈发注重将制度因素纳入到经济分析中，考察制度因素对于经济发展和资本积累的影响。

所谓制度，就是为处理经济活动中各种经济关系而建立的规范。某种特定的制度环境，设定了各种经济活动的范围，明确了经济主体的利益关系，规定了经济操作的具体实施，从而制度因素是影响资本积累的重要外部因素。在一定制度环境下，资本会最大限度的增值，当该种制度环境无法再为资本扩张提供空间，或者表现为制度设计落后于满足资本积累的条件，此时，资本逻辑会推进对阻碍资本积累的制度进行调整、改变，或者是安排可能获得潜在利润、促进资本积累的新的制度，以此为资本打开新的扩张空间，实现“资本超限积累”，这一过程即为

① 顾钰民：《马克思主义制度经济学——理论体系·比较研究·应用分析》，上海：复旦大学出版社，2005 年版，第 6 页。

“制度突破”。①

第一节　相关的制度理论

本节对书中涉及的制度理论进行概括，这些相关的制度理论均属于马克思主义政治经济学体系。

一、马克思揭示了基本经济制度的发展规律

马克思经典著作《资本论》是以资本的运动为主线，将资本主义生产关系作为研究对象，揭示出资本主义制度的运行机制和发展规律，即是我们熟悉的马克思的研究框架。从另一个角度看，生产关系或经济关系制度化形成了经济制度，因此也可认为马克思的研究对象是经济制度。马克思以辩证唯物主义和历史唯物主义方法论建立了独特的研究体系，深刻地揭示了经济制度的产生与发展规律，是“对长期制度变革的最有力的论述”。② 可以说，“马克思是第一个运用制度分析方法来建立一个完整的经济理论框架的经济学家”。③ 后来的研究者对马克思著作中蕴含的制度理论和思想进行提炼和总结，形成了马克思主义制度经济学。

在社会生产过程中人们之间必然发生各种经济关系，“制度”就是人们在历史交往中形成的，为了处理经济活动中的各种经济关系，约束

---

① 这里的制度突破是指资本主义基本经济制度不变的情况下对经济制度的调整，不涉及基本经济制度的改变。

② ［美］道格拉斯·C．诺斯著，厉以平译：《经济史上的结构与变革》，北京：商务印书馆，1992 年版，第 63 页。

③ 顾钰民：《马克思主义制度经济学——理论体系·比较研究·应用分析》，上海：复旦大学出版社，2005 年版，第 6 页。

和调整人们经济、政治和社会行为而建立的规范。[①] 马克思主义对制度的理解是广义的，其可以分为三个层次：第一个层次是反映社会经济性质（或社会生产方式）的基本经济制度，包括财产制度（财产私有制度和财产公有制度）和劳动制度，例如资本主义制度就是财产私有制度和雇佣劳动制度的结合；第二个层次是能够从宏观上影响生产力的发展，具有相对独立性的经济体制，包括社会经济关系的安排、资源配置的具体方式和经济运行机制等；第三个层次是在一定的经济体制条件下，对微观经济主体的利益关系、内部结构和运行方式的安排，即从微观层次上直接影响生产力和经济效率的各项具体经济制度，有产权制度、分配制度、管理制度、竞争制度等。[②] 此外，“制度”还包括在经济制度基础上形成的政治制度、法律制度，等等。

马克思强调生产力决定生产关系，生产力发展也必然引起生产关系的调整，反映在制度上面，就是制度的变迁。制度会随着社会生产的发展以及经济关系的变化而不断改变。“社会的物质生产力发展到一定阶段，便同它们一直在其中运动的现存生产关系或财产关系（这只是生产关系的法律用语）发生矛盾。于是这些关系便由生产力的发展形式变成生产力的桎梏。那时社会革命的时代就到来了。随着经济基础的变更，全部庞大的上层建筑也或慢或快地发生变革。”[③] 通过对资本主义制度的研究，马克思指出资本主义制度的本质是资产阶级与无产阶级在经济利益上的对立，在此基础上论证了资本主义制度产生、发展以及最终被社会主义制度所取代的客观规律。

马克思运用历史唯物主义揭示了基本经济制度发展变化的客观规律，而在资本主义基本经济制度已确定的情况下，对于其内部经济制度的演变以及这些演变带来的影响的研究，形成了马克思主义政治经济学

① 汪宗田：《马克思主义制度经济理论研究》，北京：人民出版社，2014 年版，第 30 页。

② 顾钰民：《马克思主义制度经济学——理论体系 · 比较研究 · 应用分析》，上海：复旦大学出版社，2005 年版，第 20—25 页。

③ ［德］马克思著，中共中央马克思恩格斯列宁斯大林著作编译局译：《马克思恩格斯选集》，第 2 卷，北京：人民出版社，1995 年第 2 版，第 33 页。

体系中的调节学派。

二、调节学派探讨资本主义经济制度的演变

20世纪70年代，资本主义爆发“滞胀”危机，凯恩斯主义的“国家调节”对危机应对无效，新古典主义的“市场调节”同样无能为力，在经济和经济学“双重危机”的背景下，调节学派应运而生。法国调节学派（French Regulation School）创立于1976年，其以马克思经济学为理论基础，吸收了凯恩斯经济学的部分思想，主要研究资本主义经济制度的演变，是西方马克思主义经济学的一个分支。此后，欧美很多马克思主义经济学流派接受并发展了法国调节学派的方法论和基础理论，这些学派包括阿姆斯特丹学派（Amsterdam School）、西德调节主义（West German Regulationists）、北欧模式学派（Nordic Models Group）、美国的积累社会结构学派（American Social Structures of Accumulation，SSA学派）、日本调节学派等，这些学派统称为“调节学派”。①

法国调节学派是调节学派中的核心学派，不同于新古典主义静态的、均衡的、存在诸多假设的分析方法，法国调节学派将资本主义制度作为一个历史过程，探讨资本主义制度内部的历史演变和发展规律，并以此来解释资本主义的经济问题。该学派创造性地提出在宏观与微观层面中存在着由“制度形式”构成的中观层面，认为制度可以调节微观主体的行为以使其符合宏观经济稳定发展的需要，使国家调节和市场调节相互契合。

法国调节学派的概念体系主要由五个核心概念组成，分别是“发展模式”“积累体制”“调节模式”“制度诸形式”和“危机”。“发展模式”是由某种类型的积累体制和调节模式相结合而形成的，能够维持相当长时期的稳定发展模式。“积累体制”（也可称为“增长体制”“增长

① 吕守军：《抓住中间层次剖析当代资本主义——法国调节学派理论体系的演进》，《中国社会科学》，2015年第6期，第64页。

模式”）是再生产的模式，积累体制可以分为外延型积累体制和内涵型积累体制。外延型积累体制是指资本积累主要依靠劳动时间和劳动力等生产要素增加的模式，内涵型积累体制是指资本积累主要依靠劳动生产率提高的模式。内涵型积累体制又可以细分为“有大量生产但不伴随大量消费的内涵型积累体制”和“有大量生产并伴随大量消费的内涵型积累体制”。“调节模式”是指为了调节人与人之间、集团与集团之间、制度与制度之间存在的矛盾和对立，人们在反复抗争和协商之后形成了约定俗成的“习俗”“制度”和“规则”等，而这些使积累体制得以稳定的习俗、制度、组织形式、社会网络和行为类型的社会突现性结构就是调节模式，它们引导着人们的行为，解决或者缓和矛盾，影响和制约着积累体制的发展。“制度诸形式”包括雇佣劳动关系制度、货币制度、竞争制度、国家的作用、国际体制，制度诸形式的不同组合产生特定的积累体制和调节模式，而积累体制和调节模式的组合产生特定的发展模式。

法国调节学派结合五个核心概念，将“危机”分为五种类型，即最初的危机（外部因素对发展模式产生干扰而爆发的危机，如石油危机）、调节模式内部的危机、调节模式的危机（新积累体制出现后与旧的调节模式不相适应而导致的危机，如20世纪30年代的危机）、积累体制的危机、最终的危机。[①] 五个核心概念以及五种危机的关系参见图5—1。

法国调节学派联系历史、社会、政治和文化等各个方面来研究某个历史阶段的资本主义经济再生产过程，讨论在生产过程中的各种规则性和危机。[②] 它强调社会经济进化、制度的历史变迁、制度的多样性等特征，认为制度形式的不同组合产生特定的积累体制和调节模式，若积累体制和调节模式在变化之中相互匹配，就能够推动经济的持续发展，而不匹配则产生经济不稳定、危机或者衰退，以此构成了

---

① 吕守军：《法国调节学派理论与马克思主义经济学创新》，上海：上海世纪出版集团，2015年版，第59—67页。

② 林相义：《当代法国经济理论》，香港：三联书店有限公司，1989年版，第59页。

法国调节学派“发展模式转换论”的主要内容。

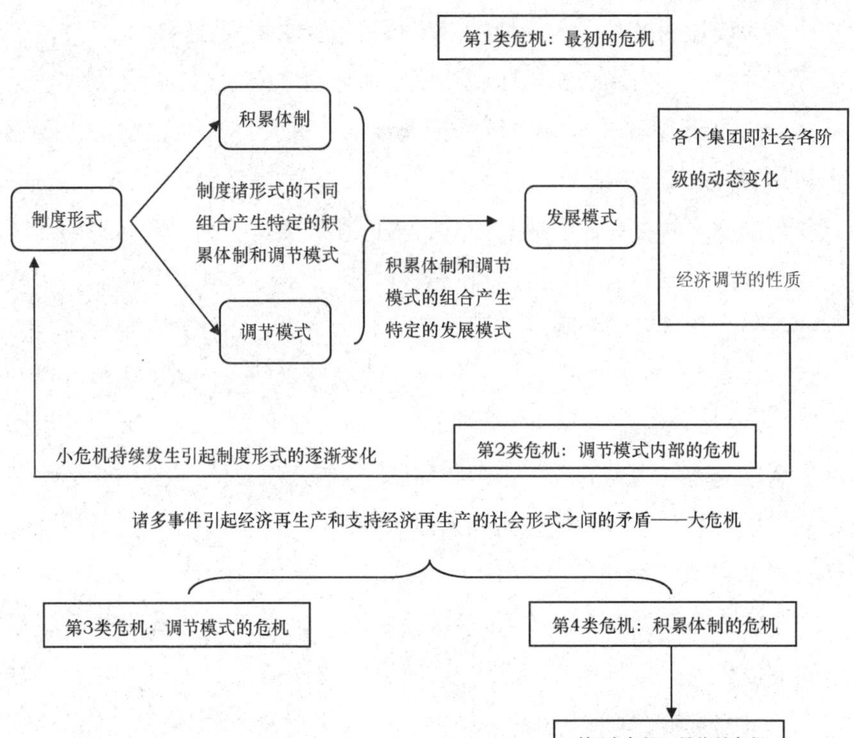

图 5—1　法国调节学派的概念体系

资料来源：R. Boyer，The Regulation School：A Critical Introduction，p. 125.

法国调节学派认为资本主义“发展模式”经历了“英国型”（1800—1896 年）、“过渡型”（1896—1939 年）、“福特主义型”（1940—1991 年）、“金融主导型”（1992 年至今）的历史转换。“积累体制”经历了从“外延型积累体制”（18—19 世纪）向“内涵型积累体制”（20 世纪至今）的历史转换。在内涵型积累体制中，经历了从过渡性的“没有大量消费的内涵型积累体制”（两次世界大战期间）向“伴随大量消费的内涵型积累体制”（第二次世界大战之后至 20 世纪 90 年代初期）的转换，现在正在向新的积累体制转换。“调节模式”依次经历了从“市场竞争型调节模式”（18 世纪至第二次世界大战后)、“劳资联合型调节模式”(第二次世界大战后至20世纪90年代初期)、“股东主权型调节模式”(20世纪90年代初期至今)的历史转换，目前正在向新的调节模式转换。[①]

第二节 制度的范畴

要研究制度因素[②]对于资本积累的影响，必须首先明确制度具体包含哪些内容。不同学派及学者对制度的定义千差万别，鉴于法国调节学派专门研究制度内部的演变并以此来解释资本主义经济发展规律，本节在此采用法国调节学派对制度的解释和划分。[③]

一、制度的形式

按照对经济活动中不同领域做出的不同规范，法国调节学派对制度的形式进行了归纳，分别为雇佣劳动关系制度、货币制度、竞争形式制度、国家的作用制度和国际体系制度。表5—1是参照几位国内学者的论述整理而成的。[④]

---

① 吕守军:《法国调节学派理论与马克思主义经济学创新》，上海：上海世纪出版集团，2015年版，第68页。

② 本书主要研究的是经济制度的调整对资本积累的影响，限于篇幅与精力，其他制度如政治制度、法律制度等对资本积累的影响本书不做探讨。

③ 由于法国调节学派学者的著作大多使用法语，笔者只能参考少量的英语译著和中国国内学者的论述。

④ 林相义:《当代法国经济理论》，香港：三联书店，1989年版，第78—80页。

吕守军:《法国调节学派理论与马克思主义经济学创新》，上海：上海世纪出版集团，2015年版，第65—66页。

李其庆:《法国调节学派评析》，《中国社会科学》，2004年第2期，第132页。

贾根良:《法国调节学派制度与演化经济学概述》，《经济学动态》，2003年第9期，第58页。

胡海峰:《对法国调节学派及其理论的分析》，《教学与研究》，2005年第3期，第80页。

表 5—1　制度的诸形式

制度的形式	制度规定的具体内容
雇佣劳动关系制度	雇佣劳动关系制度规定了劳动力的使用和再生产，是制度形式中最关键的制度。其具体内容主要包括：(1) 雇佣关系的调节（国家制定的劳动法、雇主与工会的谈判和妥协、雇主与雇员的谈判和妥协）；(2) 劳动力使用和管理的调节（招工、劳动组织、技能等级的确定、工人流动、弹性工作制度、解雇等等）；(3) 收入的调节（工资的调节、国民收入的再分配等）；(4) 就业保障（就业培训、再就业培训、终身教育、分担失业以及增强劳动力国际竞争力的措施）；(5) 社会保障（失业补助金、家庭补助金和防止自愿失业的措施）
货币制度	货币制度是指管理或者制约货币的制度或手段，包括货币管理的类型、信用或货币交易的形态、金融体系和生产体系的关系、股票市场的作用、创造流动性的机制，以及金融体系的发展和组织结构
竞争形式制度	竞争形式主要指企业之间、地区之间和国家之间的竞争形态是自由竞争还是垄断竞争等，并且考虑垂直一体化和水平一体化以及准一体化的新形式（如战略联盟和组织）对竞争的影响
国家的作用制度	国家的作用是指一国政府在经济活动和解决社会矛盾中的地位和角色，是“廉价型政府”或“干预型政府”，主要涉及国家运用财政政策、货币政策、产业政策以及其他经济手段干预经济和社会的方式和程度
国际体系制度	国际体系制度是指国家参与国际体制的制度形式，包括国际贸易、投资及资本流动的规则、专业化形式和国际政治经济关系以及为此成立的贸易、投资、货币交易、政治组织等国际联合组织

资料来源：根据相关资料整理而成。

二、调节模式

制度诸形式的不同组合形成不同的调节模式。调节模式是人们在反复斗争和协调之后形成的“习俗”“制度”和“规则”等，对人与人之间、集团与集团之间、制度与制度之间的矛盾和对立起着调节的作用，引导人们的行动朝向特定的方向发展，保证资本主义再生产形式的实现，影响和制约积累体制的发展。

调节学派学者布瓦耶（Robert Boyer），通过对法国调节学派以往研究成果的总结，按照阶层性对调节模式的构成要素进行了划分，从上到下分为五个层次，依次是“宪法秩序”“制度”“组织”“惯例”和“习惯”，之后的学者对这些概念进行了细化与发展，如表5—2所示。

表5—2 调节模式的构成要素

构成要素	定义	作用原理	变化因素
宪法秩序	处于最上层的制度，解决低层次制度冲突的一般性规则	“宪法秩序”发挥着遏制、消除、解决各个领域的矛盾和对立的作用，它在本质上是政治斗争的结果，并体现在矛盾冲突发生之前的权力争夺上	一般情况下惯性很大，修改时，政治过程发挥着重要的作用
制度	组织和个人之间相互作用的结构	使“权力”得以被接受和承认，更好地完善组织和个人的结构，减少甚至排除组织和个人在战略和行动方面的不确定性，规定政治领域和经济领域的秩序，等等	制度变化主要是由于结构性危机引起
组织	为克服调节中出现的问题和消除机会主义行为而存在的权力结构的总称	组织的行动准则主要是把“经济激励”和“严格的惩罚”相结合，同时把组织和制度、习惯相结合，目的在于保证组织内部的个人在行动和战略方面保持一致	竞争力较弱，或重大危机引发重新设计
惯例	从分散的相互作用中产生的一种自我强化的共同期望和行为	在很多情况下，惯例不带有任何明确的指示，也不带有任何的动机或者意图，但却真实地存在于社会主体的行动中，并被认为是“理所当然”的期待和行动	一般的危机的发生、外来习惯的侵入等

续表

构成要素	定义	作用原理	变化因素
习惯	在个人社会化过程中形成的一套具体的行为模式	仅仅适用于特定范围，如果向其他范围转移，可能会引起秩序的不均衡	向其他范围转移的过程中以及向新的习惯学习的过程中发生变化

资料来源：Robert Boyer，“The regulation Approach as a Theory of Capitalism：A New Derivation”，Institutional Economics in France and Germany：German Ordoliberalism versus the French Regulation School，Berlin：Springer，2001，p. 86.

资本主义经历了不同的历史发展阶段，每一阶段资本积累的特点都不尽相同，由制度诸形式组成的服务于资本积累的调节模式也不相同。与积累特点相适应的调节模式刺激、促进着资本积累，而与积累特点不匹配的调节模式阻碍、限制着资本积累。如果落后的、不匹配的调节模式阻碍资本积累的进程，或者在该调节模式下资本积累的潜力已经被耗尽，也即由制度诸形式结合而成的调节模式不再能够满足资本积累的条件，这种情况下，资本积累过程与制度形式越来越不兼容，从而产生了增长缓慢、停滞、萧条、不稳定和进行制度变革的压力。这时就需要对制度进行调整、改革或者创新，以形成新的制度、新的调节模式服务于资本积累。

第三节　制度突破——通过制度创新来实现“资本超限积累”

资本逻辑决定了其在现有的制度框架下以最快的速度进行扩张，当在这一层次的积累限制中扩张到极限时，就极易产生资本积累缓慢，甚至停滞。然而，制度突破在一定程度上能够摆脱资本积累受到的限制，为资本开拓新的增值空间，形成“资本超限积累”。

一、制度突破引导新积累模式的建立

正如调节学派所主张的，制度架构对资本主义具有调节作用，资本主义的积累体制需要相应的制度架构加以支持。当一种积累模式的潜力已经被消耗完毕，各种矛盾激化，各类风险累积，这时就需要建立新的积累模式。新的积累模式则需要相应的制度来引导和支持。下面就以“福特主义”积累模式向“金融主导型”积累模式转变中的制度突破来说明（表5—3）。

表5—3 两种积累模式下的制度比较

积累模式 / 制度形式	福特主义	金融主导型
雇佣劳动关系制度	工会的组织化、和谐的集体谈判、长期稳定的劳资关系	工会权力被削弱、雇佣劳动不稳定、个别谈判工资标准
货币制度	严格限制金融机构的职能，加强对金融市场的监管。“布雷顿森林体系”下稳定的国际货币体系	重新修改相关法律，倡导金融自由化，实施低利率政策，发展债务经济。“布雷顿森林体系”崩溃、美元本位瓦解、浮动汇率
竞争形式制度	价格制定中的垄断寡头模式	企业的产品竞争越来越激烈，来自金融市场股票升值的压力更大
国家的作用制度	凯恩斯主义政策下国家干预的强化、扩大基础设施投资、教育投资、构建社会福利体制	采取放松管制措施、大批量削减福利预算、削减公共支出、放松金融规制、降低国家的财政赤字
国际体系制度	美国霸权、美苏冷战	“资本主义多样性”的特征得以加强，英美、德日、其他发展中国家处于不同的发展模式

资料来源：根据相关资料整理而成。

第二次世界大战后1945—1973年间，以英、美为主要代表的资本主义国家资本积累模式体现为“福特主义”积累模式。1914 年亨利·福特引进了工作 8 小时、日工资 5 美元的自动化汽车装配线，这种工作方式在第二次世界大战之后得到广泛传播。“福特主义”作为一种生产组织形式，其特点是大批量标准化生产和大批量消费并行，并将经济当作一个整体进行管理与控制。“福特主义”积累模式下经济增长的逻辑是，通过对装配作业线的紧密规划，使得生产率提高，大批量生产，工人工资增加，消费能力提升，从而反向引起生产的扩大，促进技术和设备投资以进一步提高其生产能力，如此良性循环使得资本主义发展进入“黄金时期”。

“福特主义”积累模式下的“制度”支持主要有以下几点：第一，强大的工会组织。一方面，工会组织有利于工人阶级获得稳定的雇佣，通过协商建立起劳资双方都能接受的工资分配制度和晋升制度，从而结成长期稳定的劳资关系；另一方面，工会的组织化有利于把劳动者阶级整合到资本主义社会生产当中，被大多数企业所接受。第二，推行主张政府干预的凯恩斯主义政策。国家扩大基础设施建设为大规模生产和大众消费提供了基础；通过扩大教育投资推动了劳动力的大量形成；通过制定技术开发政策提高了国家和企业的研发能力；通过构建社会保险、卫生保健、教育、住房等社会福利体制促进了公平分配并缓和了阶级矛盾，巩固了福特主义所需要的大批量消费结构；通过政府预算和货币制度的强化确保了宏观经济的稳定发展。第三，布雷顿森林体系确立。第二次世界大战后，“布雷顿森林体系”确立，形成了稳定的国际货币制度。①

20 世纪 70 年代中期，在石油危机的冲击下，通货膨胀加剧，国际货币秩序动荡，福特主义积累模式陷入危机。20 世纪 80 年代，资本主义发达国家建立起一种新的资本积累模式，即“金融主导型”积累模式。该积累模式的特点有：第一，劳动力市场结构的改变。这种积累模式强调尽量降低工资成本，采用个别谈判方式决定工资标准。

① 吕守军：《法国调节学派理论与马克思主义经济学创新》，上海：上海世纪出版集团，2015 年版，第 70 页。

削减了具有全日制工作时间、永久身份的工人的数量，日益增加了能够很快在交易中得到、可以很快和不花成本地解雇非全日制的、临时的劳动力。第二，企业结构的改变。面对快速变化的市场需求，庞大的企业体系愈加无法满足，而少量多变的生产型态逐渐成为主要的组织形式。第三，第三产业迅速发展。1972 年之后制造业收缩，而服务、金融、保险和房地产，以及健康和教育部门等第三产业快速发展。第四，金融行业极大扩张。全球股票市场、期货市场、货币与利率交易市场形成。①

“金融主导型”积累模式下的“制度”支持主要有以下几点：第一，推行新自由主义政策。国家采取一系列的放松管制措施，减税、削减公共支出、削减福利预算、削弱工会权力、放松金融管制等。新自由主义政策主张消除政府对经济的干预，实行“私有化、自由化和市场化”转向，市场化使得资本在各类关系中占据主导地位，私有化为剩余资本的吸收打开了新的空间，自由化为资本逐利全面松绑。总之，新自由主义政策为资本创造出极大的扩张空间。第二，货币制度方面，重新修改有关法律，倡导金融自由化。1999 年，美国废除了 1933 年制定的投资银行与商业银行分业经营的《格拉斯—斯蒂格尔法》，成为金融自由化的标志性事件，金融化以“时间换取空间”吸收了大量的剩余资本。20 世纪 80 年代之后，美联储主席格林斯潘实施低利息率的政策，促进了“债务经济”的发展。第三，“布雷顿森林体系”崩溃，美元本位瓦解，浮动汇率出现。②

由此可知，20 世纪 80 年代的“制度突破”导致了新资本积累模式的建立，新制度的出台在一定程度上缓解并摆脱了经济危机，为过剩资本开拓了新的增值空间，使得资本主义世界从 20 世纪 80 年代始又经历了相当长时期的繁荣。

① ［英］大卫·哈维著，阎嘉译：《后现代的状况——对文化变迁之缘起的探究》，北京：商务印书馆，2013 年版，第 195—209 页。

② 吕守军：《抓住中间层次剖析当代资本主义——法国调节学派理论体系的演进》，《中国社会科学》，2015 年第 6 期，第 71 页。

二、制度突破为其他突破提供制度保障

（一）制度突破为时间突破开辟道路

1933 年美国《格拉斯—斯蒂格尔法》实施，此后美国一直实行金融机构的分业经营制度，这一制度严格限制了金融机构的职能，增强了对金融市场的监督管理。至 1999 年，该法案在《金融服务现代化法案》颁布后被解除，金融机构分业经营的管制取消，极大地刺激了美国金融业的发展。此外，1996 年颁布的《全国性证券市场促进法》的实施，也大幅取消和放松了对证券业的诸多监管与限制。可见，制度的改变为 20 世纪 90 年代金融业的极速扩张开辟了道路。

（二）制度突破为空间突破创造条件

美国表面上利用国际货币基金组织和世界银行的相关制度向发展中国家提供贷款，帮助这些国家脱离经济困难，但是实际上是要设置“债务陷阱”。例如，1989 年墨西哥政府签署“布雷迪计划”，部分债务得到免除，但条件是墨西哥要进一步推行新自由主义改革。美国的目的是使这些国家全部开放市场，让资本在全球自由流动，为美国实行空间突破，对其他国家进行掠夺性积累创造条件。

（三）制度突破刺激技术突破

生产力与生产关系的一般原理，即生产力决定生产关系，生产关系反作用于生产力。生产力与生产关系的相互作用，实际上科学地揭示了非制度因素（生产力）与制度因素（生产关系）的关系。技术突破和制度突破相互促进，技术创新推动经济发展和社会进步从而促发制度突破；相应地，制度突破会冲破旧制度的束缚，为新的技术创新提供更为广阔的创新空间和宽松的创新条件，激励进一步的创新。

三、制度突破的局限性

制度是由在社会经济中占据优势地位的集团和阶级以符合自身利益

需求为宗旨而建立的，并且要求社会其他集团和阶级按照所制定的制度从事社会生产活动。因此，制度总是体现占优势地位阶级的利益，反映该阶级的经济诉求。同时，占优势地位的阶级为了更好地实现自身利益，会根据生产力和经济发展的客观要求，对现存制度进行局部调整与改变，但这种调整与改变不会涉及制度性质的变化。①

制度突破只是在资本主义制度内进行的制度调整与创新，这些改变本质上服从于资本逻辑的需要，为资本寻找新的扩张空间，帮助资本主义经济走出停滞与危机。然而，制度突破丝毫未改变资本逻辑和其发展趋势，并没有消除或限制危机产生的根源，不可能从根本上克服资本积累的真正限制。因此，我们看到，资本主义经济危机从未消失，且一次比一次更为猛烈，破坏力更大。从早期的周期性的危机，到世界性危机，再到“滞胀”以及全球金融危机，改变的只是危机的形式。制度突破终究无法突破资本主义制度的局限性。

在资本主义制度下，劳动者是为资本生产，而不是为自己而生产，资本所有者无偿占有了劳动者的部分劳动成果，使得劳动者和资本所有者对立起来。生产资料的私有制和雇佣劳动制度构成的社会生产方式，在根本上不符合社会化大生产、社会全面进步和人类自身全面发展的要求，因此产生出种种矛盾，不可避免地对生产力的发展和经济效率的提高产生阻碍作用。这即是资本主义基本经济制度的历史局限性。只有从根本上突破这层基本经济制度，现实中的困境才可能消除。

本章小结

大多数经济问题同时牵涉社会问题，研究经济不能从社会中孤立出来进行。20 世纪 70 年代左右，在经济危机和经济学危机的双重压力

---

① 顾钰民：《马克思主义制度经济学——理论体系·比较研究·应用分析》，上海：复旦大学出版社，2005 年版，第 16 页。

下，一大批经济学家开始重视经济发展中的制度因素，诞生了诸多以马克思主义政治经济学为理论指导、从制度视角研究经济问题的经济学派，并且取得了丰硕的研究成果。

制度因素是影响资本积累的重要外部因素，合乎资本积累需要的制度架构对其起到积极的促进作用，反之则会阻碍资本积累的进行。对落后的、不匹配的、限制资本积累的制度进行创新，能够为资本增值打开新的扩张空间，为其他突破提供制度保障，支持和引导新积累模式的建立，因此“制度突破”是实现“资本超限积累”的路径之一。但是，这里的制度突破只是在资本主义制度内进行的制度调整，不涉及基本经济制度的改变，其本质还是为了满足资本增值的需要，无法根本消除资本积累的限制与资本主义制度的局限性。只有从根本上对资本主义制度进行突破，才可能破解这一难题。

第六章
“资本超限积累” 的现实表现及风险对策

对于“资本超限积累”应辩证地看待。一方面，“资本超限积累”有其进步的积极的一面。第一，宏观层面上，通过时间突破、空间突破、技术突破和制度突破，资本积累不断克服限制与矛盾曲折地进行，推动了社会经济向前发展，资本主义制度没有如马克思、恩格斯预料的那样灭亡，这是“资本超限积累”最重要最突出的作用。第二，中观层面上，资本主义在其500多年的发展历程中，并非僵化地、静态地固守最原始的发展模式，不断地突破限制是其资本逻辑的内在需要，同时也是资本主义制度不断调整，以适应生产力发展、服务资本积累的客观要求。第三，微观层面上，在寻求“资本超限积累”的过程中，有助于各类技术的发展创新、各种经济发展理论百花齐放、劳动组织管理不断完善，等等。总之，“资本超限积累”的积极作用有目共睹，在此不再赘述。

另一方面，“资本超限积累”的消极影响也尤为突出。通过几种突破路径，更多情况下是以各种突破路径结合的方式寻求“资本超限积累”，产生了一系列新的问题与矛盾。对限制与矛盾的突破，带来的是更多的限制与更高层次的矛盾，究其原因即资本主义终究无法突破自身的局限性。生产资料的私有制和雇佣劳动制度构成的资本主义生产方式，使资本和劳动对立，在根本上不符合社会全面进步与人类自身全面发展的要求。

本章以当代现实为背景，主要研究资本主义寻求超限积累在当代的具体表现，包括以时间突破为主的金融化、以空间突破为主的新帝国主义，以制度突破为主的新自由主义，在此基础上深入探讨这些突破造成的经济危机、政治危机、社会危机以及对于整体国家安全的威胁，等等。

第一节　新自由主义与金融化

20 世纪 70 年代爆发的“滞胀”危机，是资本主义基本矛盾在特殊历史条件下的特殊表现形式，其实质依然是生产过剩的危机。为了使过剩资本再度被营利性地吸收形成超限积累，资本主义开始了以制度突破为主的新自由主义改革和以时间突破为主的金融化的转向。

一、新自由主义

（一）新自由主义的兴起

第二次世界大战之后，为了防止威胁资本主义秩序的 1933 年大萧条以及国家间地缘政治冲突的再次出现，必须重新设计国家形式和重新建构国际关系。在国际层面，布雷顿森林协议建立了一种新型世界秩序，设立联合国、世界银行、国际货币基金组织、国际清算银行等机构以稳定国际关系。在主要发达资本主义国家内部，普遍实行凯恩斯主义主导的政策，国家积极干预和引导产业政策，以确保充分就业、经济增长与国民福利。从 20 世纪 50 年代中期到 1973 年前后近 20 年的时间，经济发展速度年平均增长率达到 5.3%，被称为发达资本主义的“黄金时代”。

但是，从 20 世纪 60 年代末开始，资本主义危机的信号随处可见，失业和通胀现象愈发突出，终于在 1973 年底爆发了波及全球、持续整个 70 年代的“滞胀”危机。“滞胀”是在同一时期里生产停滞、失业增加和通货膨胀并存，这种现象以前还从未发生过。经济停滞、失业和通货膨胀，是资本主义经济周期性存在的现象，但是以前它们并不同时发生，经济停滞和大量失业通常发生于危机和萧条阶段，而通货膨胀总是发生在经济高涨阶段。

图 6—1 世界 GDP 增长率（单位：%）

资料来源：世界银行。

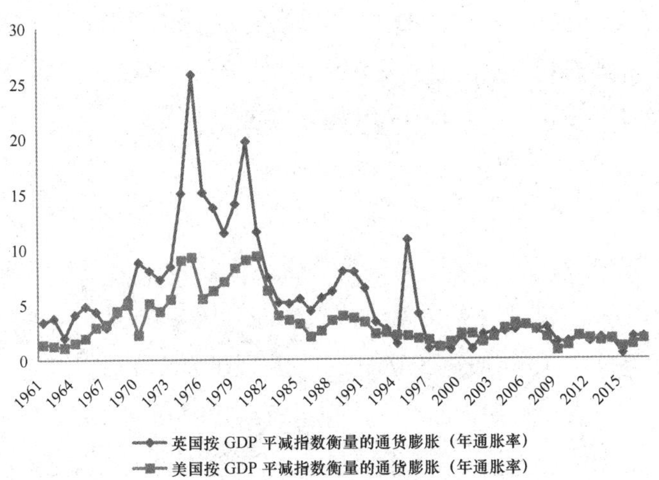

图 6—2 英国、美国的通货膨胀率（单位：%）

资料来源：世界银行。

图6—3　美国失业率（单位:%）

资料来源：联合国统计网。

“滞胀”是资本主义基本矛盾在特殊历史条件下的特殊表现形式。通常情况下，周期性的经济危机造成价值贬值和价值丧失，使生产过剩和消费不足之间达到相对平衡，强制地暂时解决这一矛盾。第二次世界大战后，各发达资本主义国家普遍推行凯恩斯主义，采取财政金融方面的膨胀政策，加强政府对经济的干预，使经济危机受到控制，由此生产和消费的矛盾在更广的范围与更深的层次上被积累起来，同时又使通货膨胀持续发展，造成了“滞胀”局面。

1. 新自由主义思潮早已存在，但是持续整个 20 世纪 70 年代的“滞胀”触发了新自由主义改革的决心

在爆发“滞胀”危机之前，新自由主义思潮一直处在政策和学界影响力的边缘。新自由主义思潮始于奥地利政治哲学家弗雷德里希·冯·哈耶克于1947 年创建的朝圣山学社，团体成员包括米塞斯、经济学家米尔顿·弗里德曼，甚至一度包括著名哲学家卡尔·波普尔。他们信奉个人自由的理想，支持新古典主义经济学的自由市场原则，强烈反对政府干预理论。“滞胀”（高通胀、高失业、低经济增长）危机出现后，产业资本利润率长期下降，税收大幅下滑，社会支出急速增长，凯恩斯主义的政策不再奏效，社会各界对凯恩斯学说的批判导致了新自由

主义思潮流行起来。新自由主义将“滞胀”归结为国家过度干预、政府开支过大、政府政策失灵，等等。正是在这种情况下，多年处在边缘地带的新自由主义开始吸引人们的视线，“撒切尔革命”和“里根经济学”将新自由主义从经济学理论转化为政策指南。

在英国，严重的“滞胀”危机给该国社会经济带来了沉重打击。1975 年，通货膨胀率上升到 26%，失业人数达到了 100 万。1979 年，玛格丽特・撒切尔当选首相后，以她为代表的保守党认为必须抛弃凯恩斯主义，从此玛格丽特・撒切尔开始了大刀阔斧的经济改革。她削弱工会力量、削弱劳动者谈判能力、破坏英国劳工运动、攻击一切阻碍竞争性活力的社会团结形式；她将货币政策和严格预算控制视为头等大事，撤销或免去福利国家的义务；提出“人头税”，向每个居民收税，借以控制市政开支；进一步开放英国，创造良好的商业氛围以吸引更多的外资流入（特别是日本的投资）；将国有企业私有化，飞机制造、电信、航空、钢铁、电和煤气、石油、煤矿、自来水、公车服务、铁路，以及许多小型国家企业，都在大规模私有化过程中被变卖。

在美国，罗纳德・里根也进行了类似的改革。在 1981 年一次激烈的罢工中，里根彻底压制了航运管理组织，有组织的劳工势力受到了全面打击；里根下令行政管理与预算局对一切管制规划进行彻底的成本效益分析，如果无法表明管理收益明显超出成本，那么这些管理就该被废除；从航空、电信到金融，松绑一切领域，为企业追求利润打开了自由新天地；推动产业与金融资本向海外扩张，寻找高额收益率；加速去工业化；大幅降低企业税收，个人最高税率从 78% 降至 28%。

2. 意识形态领域强大的影响力，为新自由主义的兴起起到推波助澜的作用

新自由主义改革的实现，需要事先在意识形态上赢得足够的认同与支持。由企业资助的智囊团，如美国传统基金会、胡佛研究所、美国商业研究中心和美国企业研究所等，它们撰写论文且进行技术和经验研究

及政治哲学论辩，就是为了支持新自由主义政策。[①] 某些媒体部门为新自由主义发声，《华盛顿日报》就公开支持新自由主义化，并视其为解决一切经济问题的必然方案。新自由主义在学界的影响力日益加深，特别是在米尔顿·弗里德曼主导的芝加哥大学，许多知识分子被吸收到新自由主义麾下。到1990年左右，绝大多数主流研究型大学的经济院系以及商学院都被新自由主义思想模式主宰，这些因素创造了一个支持新自由主义的舆论环境。

（二）新自由主义改革的实质

相较于凯恩斯主义，新自由主义是完全不同的一套经济社会政策，主张“三化”（市场化、私有化、自由化），反对政府干预、公共服务和社会福利。大卫·哈维对此进行了概括，认为新自由主义是在稳固的个人财产权、自由市场、自由贸易等的制度框架内，通过充分释放企业的自由以追求利润最大化，国家的职责就是维持这种制度框架，并且在必要时对社会公共事业，如土地、水、教育、医疗保健、社会安全或环境污染等领域，也要建立市场，但对市场的干预必须最小化。[②]

1.“市场化”使得资本在各类关系中占据主导地位

新自由主义者强调市场交换的重要地位，在他们看来，任何形式的国家干预都只能造成经济效率的损失，无法有效配置资源，而新自由主义试图把一切人类行为都纳入市场领域。新自由主义者认为，工会强大的势力造成了效率低下，应该限制工会力量并推动劳动力市场的市场化。此外，他们认为，社会福利过高会造成民众对国家的依赖，不利于个人竞争能力的提高，因此反对福利国家政策。

新自由主义改革通行的做法是：打击工会，摧毁劳工联盟，不定期创造失业，以保证资本随时拥有等待剥削的“产业后备军”；取消、减少国家福利，施行福利个人化，以减少政府福利支出，将民众推向劳动

① ［英］大卫·哈维著，王钦译：《新自由主义简史》，上海：上海译文出版社，2016年版，第45页。

② 同上书，第2页。

大军。种种措施的实施，保证了资本在与劳动者的关系中占据主导地位，满足资本对劳动者的剥削，实现较高的利润率，使资本积累重新活跃起来。在劳动生产率不断提高的前提下，美国工人的实际工资从20世纪70年代末至90年代却持续下降。

2. “私有化”为剩余资本的吸收打开了新的空间

新自由主义者强调，私有制可以带来个人自由，只有确立了私人产权，才能实现个人在经济活动中选择的自由，从而实现最有效率的经济均衡。哈耶克强调自由是最高的政治目标，而私有制是自由最重要的保障，个人的积极性只有在私有制的基础上才能得到充分发挥。因此，新自由主义掀起了一轮又一轮的私有化浪潮，包括国有企业私有化以及“圈占公地”（如英国社会住房的私有化、墨西哥农民土地村社体系的私有化、阿根廷和南非的供水系统等公共服务的私有化）。私有化的过程往往能以低于实际价值的价格（在某些时候甚至完全免费）释放一系列资产，私人资本以极低的价格就能够获得公有资产。

然而，私有化实质上是将原本处于资本主义生产方式之外的、处于营利算计之外的公有资产纳入到资本增值的逻辑中，这些公有资产包括各种形式的公共设施（自来水、电信、交通）、社会福利（社会住房、教育、医疗卫生、养老金）、公共机构（大学、研究室、监狱）等，过剩资本能够抓住这些资产，并迅速进行营利活动。虽然私有化缓解了资本过剩的危机，但是造成公有资产被掠夺。公有资产是政府代表人民而保管的资产，这些资产从国家转移到私人手中实际上是一种剥夺行为。

3. “自由化”为资本逐利全面松绑

新自由主义者认为自由是效率的前提，自由的市场才能实现经济均衡。新自由主义否定政府干预经济，强调私有财产和企业自由，这些改革措施的出台使得资本的权力大大增强，而且使资本和国家间的收入分配有利于资本。例如，里根政府采纳“拉弗曲线”理论，缩减了财政政策的空间，实施“减税”以及一系列去管制政策为企业（实质是资本）全面松绑。

总体来看，新自由主义改革是国家政策对过剩资本继续扩张的维护。20 世纪 70 年代的“滞胀”实质上是资本积累已经过剩，无法在当前积累模式下继续进行，从而在特殊的历史环境下体现为高通胀、高失业、低增长。英、美等国的私有化、打击工会、去管制、降低税率、减少福利等新自由主义改革措施，目的是重建资本对于社会经济的统治性权力，将更多的资产纳入资本逻辑中，使过剩资本重新得到营利性吸收，建立“资本超限积累”的经济社会环境。

（三）新自由主义改革的效果

新自由主义改革方案对通货膨胀有很好的效果，但是经济低速增长和高失业率依旧存在。20 世纪 60 年代，全球经济总增长率为 3.5% 左右，70 年代为 2.4%。但是，在随后的 80 年代和 90 年代，增长率却分别为 1.4% 和 1.1%。美国 1986 年失业率为 7%，西欧 1985 年失业率为 12%、1986 年为 11.9%。

新自由主义将 20 世纪 70 年代“滞胀”的发生归咎于凯恩斯主义政策，新自由主义方案的出台意图刺激资本的活力，但无法改变过剩的实质。第一，打击劳工组织、降低实际工资，虽然提高了资本对于劳动的剥削以及利润在初次分配中的份额，但迅速降低了工人阶级的消费需求，扩大了产品过剩与消费不足之间的矛盾；第二，对社会福利的削减，意味着国家在福利方面支出的减少，虽然减轻了政府负担与财政赤字，但削弱了战后时期通过福利支出吸收剩余的能力；第三，货币紧缩政策导致利率高涨，极大地提高了企业的融资成本而限制了投资，同时促使美元升值，进一步恶化了美国企业的国际竞争力。罗伯特·布伦纳观察到，1981—1982 年美国制造业利润率下降到第二次世界大战后最低点，1982 年企业倒闭率达到 20 世纪 30 年代以来的最高水平。同时，经常项目平衡在第二次世界大战后第一次出现了严重的赤字，1982 年还有 270 亿美元盈余，而到 1987 年就出现了 1240 亿美元的赤字。①

① ［美］罗伯特·布伦纳：《全球动荡的经济学》，北京：中国人民大学出版社，2012 年版，第 279 页。

二、金融化

新自由主义方案对于刺激经济、促进资本积累的失败，以及新自由主义开启的自由化思潮为金融业的去管制做了社会舆论铺垫，这些因素共同推动了改革向金融化的转向。始于20世纪70年代末的新自由主义政策主张与80年代末盛行的金融化实践相互促进、融合，很多学者将其统一称为“新自由主义时期”。

（一）金融化的进程

20世纪80年代中期之后的新自由主义实践，在许多方面已经背离了新自由主义理论，仅仅成为美国在全球推行经济霸权的说辞，而伴随着金融业去管制和不断宽松的货币环境，金融部门在20世纪80年代末迎来了大发展大繁荣。

1. 金融业去管制

金融化的发生需要以金融业的去管制为条件。1929—1933年的“大萧条”被认为是金融资本惹的祸。“大萧条”之后，美国通过了一系列金融法案，如银行法、证券法、证券交易法、联邦储备法、国民银行法等，加强对金融机构和金融市场的监管，将主要金融机构的职能较为严格地限制在为产业资本提供服务的领域。诸多金融业管制条件中，有两项制度是决定性的：一是金融业的分业经营制度，即商业银行与投资银行的分离。商业银行只能充当货币资本与产业资本间的中介机构，不具备直接投资的功能；而投资银行等其他非银行金融机构由于与商业银行的分业经营，也限制了其资金规模。二是对证券市场实施严格的监管制度，限制证券市场投机炒作，抑制金融泡沫的产生，同时也限制了证券市场融资功能，降低证券市场对资金的吸引力。

美国金融业的去管制化进程主要发生在20世纪90年代。在分业经营方面，美国于1933年颁布《格拉斯—斯蒂格尔法》后，一直实行金融机构的分业经营，直到1999年出台了《金融服务现代化法案》。这一法案的实施取消了分业经营的管制，极大地刺激了大型商业银行和投资银行的合并，促使美国金融业高度垄断。从1980—2010年，美国银行业发生了1万多次、累计金额超过7万亿美元的银行间并购，银行数量也由19069家迅速下降为7011家。银行大规模的兼并导致集中度大大增加，垄断情形日益严重。在1980年，10家最大的银行机构持有银行系统总资产的13.5%，而在2000年上升至36%，至2010年则超过了50%。20世纪80年代，5家最大的银行拥有银行业总资产的29%，相当于美国GDP的14%，现在则拥有总资产的大约50%，相当于GDP的86%。摩根大通、美国银行、高盛、花旗和富国这五大银行目前占据金融衍生品名义总额的96%。2009年，4家最大的银行提供了所有住房抵押贷款的58%，并控制了信用卡交易额的57%。

在证券市场方面，20世纪90年代初，美国颁布了大量证券业法案，旨在推动证券市场的自由化程度，如1996年颁布的《全国性证券市场促进法》，大幅取消和放松了此前对证券业的诸多监管政策。

2. 宽松的货币环境

在紧缩的货币环境下，高利率使得资金主要以存款形式存放于商业银行中。20世纪70年代末实行新自由主义的货币主义，认为最优的货币政策是按单一的规则控制货币供给量。1979年，美联储主席保罗·沃克尔大幅调整美国的货币政策，实行极严厉的货币紧缩政策，加上当时推行的利率市场化改革，致使利率飙升。在这样的货币环境下，金融化没有发展空间。

1987年之后，美联储采取了较宽松的货币政策，1993年格林斯潘放弃了“单一规则”，转而采用“泰勒规则”，以“联邦基金利率”而不再以货币供应量为目标制定货币政策。正是在这样的宽松货币环境中，受到低利率的刺激，股票、债券等直接融资工具价格上涨，非银行金融业务和非银行金融机构膨胀，金融化速度明显加快。

（二）经济金融化

以美、英为代表的西方发达国家对金融业的改革促使其经济朝向金融化的方向发展。所谓经济金融化，是金融系统的财富积累凌驾于实际的产品生产，金融资本在社会价值的增值中占据主导地位，并对经济、社会、政治等各领域产生强大控制力的资本主义阶段。金融系统日益淡化传统的中介和服务角色，而通过股票、债券等直接融资的方式越来越普遍化，并产生了包括投资银行、基金公司、货币经纪公司、担保公司、保险公司、期权和期货公司等在内的大量的非银行金融机构，这些机构可以将社会上分散的资本直接转化为金融资本，在追求高利润的同时保持高流动性。

经济活动的核心由物质生产转变为金融资产的增值、流动和管理，越来越多的财富积累来自金融而非生产领域。20 世纪 70 年代以来，金融部门相较于实体部门不断扩大膨胀，金融业增加值占国内生产总值的比重不断上升，而制造业增加值占国内生产总值比重不断下降。美国 1947 年制造业增加值占 GDP 比重 25.6%，金融业增加值占 GDP 比重 2.4%；2012 年制造业增加值占 GDP 比重已经下降到 11.9%，金融业增加值占 GDP 比重上升到 7.92%；2017 年第一季度金融业名义增加值为 13905 亿美元，占 GDP 比重 7.3%，制造业第一季度制造业名义增加值 22085 亿美元，占 GDP 比重 11.6%。[①]

金融公司利润在美国全部国内公司利润中所占份额从 1965 年的 11.3% 上升到 2005 年的最高峰值 25.3%，此后因 2008 年金融危机的影响骤降至 7%，但因联邦政府大力救助以及经济衰退中产业利润减少，之后数年均保持在 22% 左右。相比之下，非金融业利润占国内总利润从 1965 年的 82.9% 一路下滑至近年来的 60% 左右。[②]（参见图 6—4）。

从事金融相关行业的人数与薪酬均不断增加，美国 2007 年金融业就业人数为 840 万，占总就业人数的 6.1%。1980 年金融业平均工资与其他行业大体保持一致，2006 年金融业平均工资就已达到其他行业的 1.7 倍。与此同时，更多的优秀高校毕业生选择进入金融行业，2008 年 28% 的哈佛学院毕业生进入金融业，而 20 世纪 70 年代仅为 6%。[③]

① https：//www.bea.gov/industry/gdpbyind_ data.htm（上网时间：2017 年 10 月 2 日）。
② “Economic Report of the President 2016”，p. 407.
③ 向松祚：《新资本论》，北京：中信出版社，2015 年版，第 134 页。

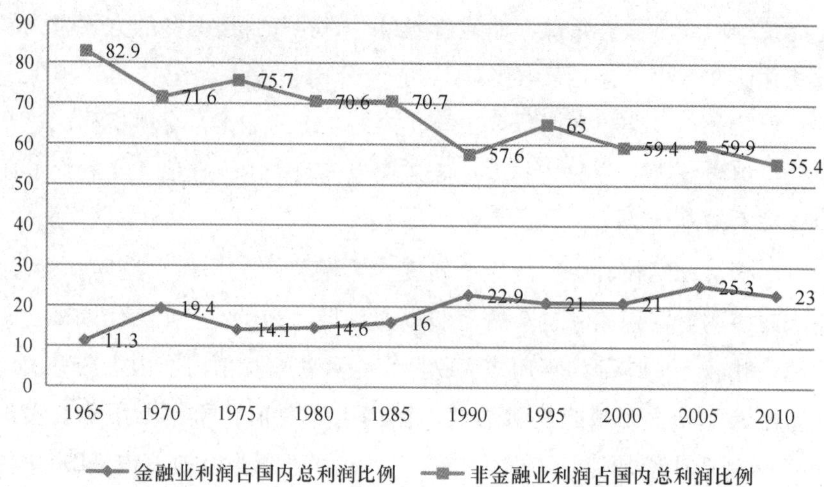

图 6—4　美国金融业和非金融业利润占国内总利润比例（单位：%）

资料来源：根据美国《总统经济报告 2016 年》相关材料整理而成。

影子银行业务的急剧增长是经济金融化的重要标志。影子银行的金融业务包括投资银行业务、对冲基金、货币市场基金、结构性投资工具以及其他游离于监管之外的融资活动，几乎囊括了商业银行业务之外的一切金融活动。据国际金融稳定局报告，全球范围的影子银行业务规模从 2002 年的 26 万亿美元，急速扩张到 2007 年的 62 万亿美元。到 2011 年，全球影子银行规模达到 67 万亿美元，2013 年更达到 73 万亿美元，2011—2013 年，影子银行持续保持 10% 以上的增速①。

三、现实考察

在第二章的研究中，时间突破作为“资本超限积累”的路径之一，主要通过信用体系来完成。一方面，信用体系起到保障、协调生产总过程的作用，能够缩短流通时间、减少流通费用，促进分配和消费；另一

① Alan Greenspan，The Map and the territory：Risk，Human Nature and the Future of Forecasting，The Penguin Press，2013，p. 40.

方面，过剩资本能够被信用体系再次吸收，过剩资本可能用于固定资本的生产（厂房和设备、发电能力、铁路网、港口等），或者形成消费基金（比如住房），二者兼而有之的情况也比比皆是（高速公路既可以为生产活动服务，又可以为消费活动服务），也有可能用于科学和技术的提高和改善，或者诸多社会公共服务的创造和维护，比如教育和卫生保健。总之，通过时间突破将脱离了直接生产和消费领域的过剩资本吸收到长期投资之中。

从理论上讲，20 世纪 70 年代末的新自由主义改革与随后的金融化转向，是能够进行制度突破与时间突破形成“资本超限积累”的。值得注意的是，这里的“积累”指的是现实积累，也就是生产资本与商品资本的积累，马克思将其等同于再生产的扩大。现实积累所指向的实际生产过程能够创造出剩余价值，是资本增值的源泉。因此，通过新自由主义与金融化改革实现超限积累，必须是过剩资本通过信用体系，在长期被吸收进入现实生产过程，形成现实积累。

但是，实际情况并非如此。其一，大多数进入信用体系的资本并没有用于现实生产形成现实积累，反而压缩了现实积累。其二，信用体系的高杠杆，制造出高风险的虚拟价值，虚拟资本不断膨胀，导致金融利益链条上的薄弱环节发生断裂，金融市场迅速走向瓦解，直接导致金融危机。

（一）压缩现实积累

信用体系（或金融体系）是从为生产总过程提供中介和服务的角色中发展而来的。在生产过程中货币资本的循环公式是 G－W... P... W′－G′，即由货币资本买入生产资料，在生产过程中通过劳动力加入剩余价值，最后销售产品以获得更多的货币资本。然而，金融资本的运动公式仅表现为 G－G′，“把货币放出即贷出一定时期，然后把它连同利息（剩余价值）一起收回，是生息资本本身所具有的运动的全部形式”。[①] 金融资本的运动并不创造真实财富，而是协助生产资本创造真

① ［德］马克思著，中共中央马克思恩格斯列宁斯大林著作编译局译：《资本论》，第三卷，北京：人民出版社，2004 年版，第 390 页。

实财富，金融利润也依赖于对产业利润的分割。

在20世纪90年代金融化的过程中，金融体系的膨胀催生了非理性行为与投机热潮。各类金融产品以独立形态不断进行交易和流通，不仅与实际生产过程发生脱离，而且与其所代表的资本价值发生偏离，群体的非理性制造出的高昂虚拟价值与现实积累毫无关联。实际上，投入金融体系的资本并非在长期被吸收进入现实生产中，而是不断进行投机、赌博、炒作，将泡沫越吹越大，不断推升虚拟价值，从中赚取大量的交易利润和投机利润。但是，这些巨额利润并非源于现实积累的扩大，而是从产业资本、从物质生产领域、从实体经济那里分割或剥夺的真实财富，攫取已有的收入和资本，提前占有未来的剩余价值和工资收入，等等。

在这种情形下，金融化不仅不能促进现实积累形成“资本超限积累”，反而由于金融资本利润巨大，挤占了实体部门的利润，造成实体部门最终可支配利润率的减少，压缩了现实资本的积累率。

有学者已对此做了相关研究，图6—5比较了美国公司的税后利润率和积累率，积累率用实际净资本存量的变动率来度量。（1）1979年之前，利润率和积累率两条曲线表现出基本的一致性，因为利润率在一定程度上决定积累率。（2）20世纪60年代末开始利润率急剧下降，直到80年代才开始逐步恢复，但始终未达到最高水平。这说明金融化给美国经济体带来了利润率的恢复，但能量有限。（3）在新自由主义改革和金融化开始实行后，两条曲线不再一致波动，从1980—1997年利润率复苏的12年里，积累率普遍下降。这反映了实体部门越来越多的一部分利润未进入现实积累中。（4）1994—2000年期间出现的积累率上涨，主要是由于网络投机泡沫带动的股市繁荣最终拉高了积累率。积累率的上升并不是源于利润率的因素，也反映在积累率1998—2000年期间，即使在利润率开始下降之后，积累率仍随股市继续上升。（5）2001年网络泡沫危机之后，积累率开始上升，但是利润率与积累率之间的差距有不断扩大的趋势。这是因为，金融部门从实体部门分得的利润提高了，实体部门把更多的利润用于了金融投资。

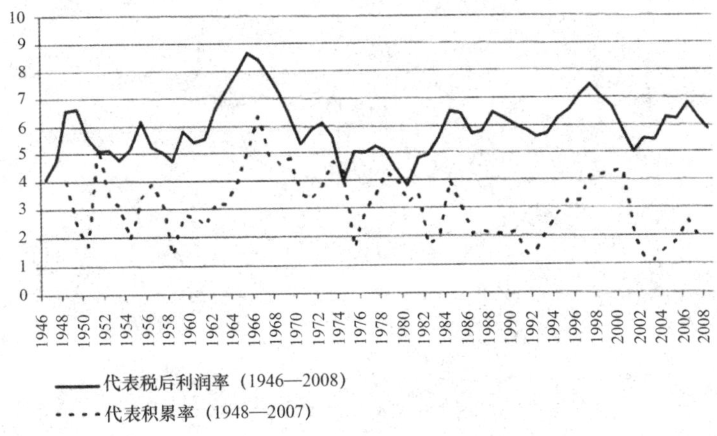

图 6—5 美国公司的税后利润率与积累率（单位:%，年）

说明：总体位于上部的曲线代表税后利润率（1946—2008 年）；位于下部的曲线代表积累率（1948—2007 年）。

资料来源：Erdogan Bakir. Al Campbell. Neoliberalism，the Rate of Profit and the Rate of Accumulation ［J］. Science and Society，2010，74（3）：323－342. Figure 1.

图 6—6 中所示资本积累率占税后利润率的比重，反映了企业利润中用于积累的比率。从平均比率来看，在 1948—1979 年的平均比重值为 0. 61，而 1980—2007 年为 0. 43。在金融化之后，利润中较小的比例被用于生产性投资，多数利润进入了金融领域。也就是说，金融主导的资本积累模式下并没有提高实体部门积累率，相反，它压缩了现实积累。杜梅尼尔和列维研究认为，出现上述情况的重要原因之一是金融部门或金融资本通过利息和红利，提高了其利润分配的份额，进而挤压了非金融部门（实体部门）的自留利润，造成积累率下降。① 正如杜梅尼尔所强调的，自留利润是企业扣除税收、利息、红利之后留下来能自由支配的利润，是企业真正能用于资本化的利润，它决定了扩大再生产之前的可用资本量。

① Gerard Dumenil，Dominique Levy. The Crisis of the Early 21st Century：A Critical Review of Alternative Interpretations，2011. p. 12.

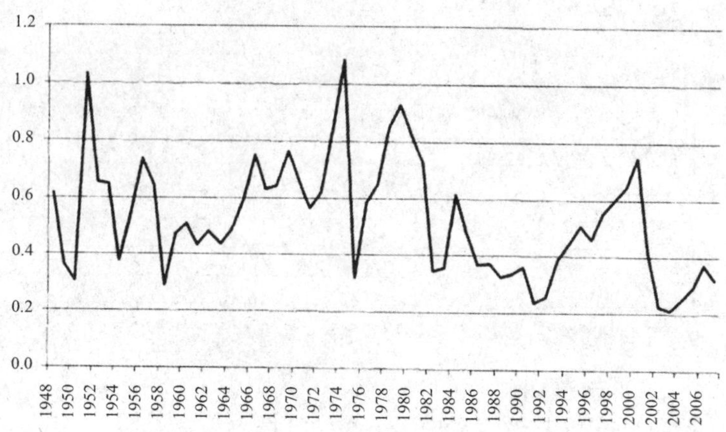

图 6—6　1948—2007 年美国公司的资本积累率占税后利润率的比重

资料来源：Erdogan Bakir. Al Campbell. Neoliberalism，the Rate of Profit and the Rate of Accumulation［J］. Science and Society，2010，74（3）：323－342. Figure 2.

（二）金融危机

金融领域区别于商品生产领域，具有独特的运行规律，金融资本现在完全游离于实际生产过程之外，交易已经变为价值符号的买卖。① 为了攫取巨额利润，金融家们不断创新出各种金融产品，利用金融资本的杠杆性，将金融资产证券化、衍生化，制造出高风险的虚拟资本。绝大多数金融资产交易者不关心也不知道所从事的金融活动与实体经济的关系；全球外汇市场交易与实际贸易的关系日渐微弱，外汇交易成为近于纯粹的投机套利活动；金融市场中各类的价格，包括汇率、利率、债券收益率、大宗商品价格等，并非实体经济相对价格的金融反映。虚拟资本不断膨胀，当其超出商品生产一定幅度时，就很容易在金融利益链条上的薄弱环节发生断裂，金融市场会迅速走向瓦解，直接导致金融危机。金融危机将在本章第三节中详细考察。

① 胡亚军：《金融资本的实质》，《金融教育研究》，2015 年第 5 期，第 5 页。

第二节　新帝国主义

历史长河中曾经存在过各种截然不同的帝国，如罗马帝国、奥斯曼帝国、中华帝国、沙皇俄国、奥匈帝国、拿破仑帝国、威尼斯帝国、荷兰、英国、法国、美国等，这些国家实施的帝国主义政策，因时代不同而差异巨大。

本书是从寻求“资本超限积累”空间突破的角度，来解释世界进入资本主义阶段后的帝国主义逻辑。由前面章节中可知，空间突破是通过地理扩张使得过剩资本被吸收，扩张形式包括商品输出、资本输出、对生产资料的抢占等，若发达资本主义国家在实施空间突破的过程中运用超经济力量的强制，形成领土扩张、殖民统治，这即是实施了殖民主义、帝国主义政策。不同的是，在第二次世界大战结束后，当资本主义帝国遵循资本逻辑实行空间突破时，[①] 虽然也运用超经济力量维持与庇护，但是领土逻辑表现为不扩张、不殖民，这种不同于传统的帝国主义政策就被称为“新帝国主义”。特别是20世纪70年代后，资本逻辑更是占据主导地位，新帝国主义特征愈加明显。

一、前人的新帝国主义理论

各学者从不同角度对“新帝国主义”给出自己的解释。

埃伦·伍德认为“新帝国主义”之“新”，首先在于它是资本主义的产物，经济力量从政治力量中剥离出来。在非资本主义社会中，统治阶级依仗其政治、军事力量及特权，从直接生产者身上榨取剩余劳动，

① 在20世纪70年代后，一种全新的空间突破方式不仅包含传统空间突破，而是更加依赖于空间突破与时间突破或其他突破的结合。

即统治阶级的经济力量依靠政治力量的强制。在资本主义社会中，虽说资本家也要依靠国家强制来支撑其经济权力，但是资本家的剥削权力与国家政治强制之间有明显的区分，资本家不需要直接控制军事或政治的强制力量来剥削工人。所有经济行为人都要依靠“市场”来满足其基本的需要，这就意味着他们要受制于竞争、资本积累、利润最大化和不断提高的劳动生产率等资本主义市场法则的强制。这就创造了一种正式从政治领域分离出来的经济。

其次，因为经济力量的剥离，相似于国内资本家阶级不需要对无产者进行直接政治控制那样，新帝国主义不同于通过军事征服和直接殖民统治来控制其领土及属国的传统帝国，而是依靠经济手段来剥削或统治其他国家。政治、军事、法律等“超经济力量”不直接对帝国与属国的关系起作用，而是间接地通过维护经济强制制度、财产制度以及市场运作而发挥作用。新帝国主义将其帝国控制的范围远远扩展到了直接的经济统治与殖民占领所能涉及的范围之外，通过操纵资本主义市场，强迫其他国家向帝国资本开放市场，以及进行某些社会改造（帝国政府往往通过单边行动或借助于国际货币基金组织等机构，将社会改造的条件附加于贷款或援助合约中），以达到使“从属国的经济相对于资本主义市场的操纵十分脆弱”的目的。埃伦·伍德认为美国是“第一个也是迄今为止唯一的一个资本主义帝国”,[①] 美帝国向海外输出资本，控制资本的运营来统治、剥削其他国家。而美国之前的英帝国、法帝国等其他欧洲资本主义帝国，实际上是建立了一套接近于传统帝国主义的、以聚敛财富为目的的军事专制暴政。

大卫·哈维认为“资本主义的帝国主义”，是权力的领土逻辑和权力的资本逻辑的结合，他明确地将其定义为“国家和帝国的政治”（帝国主义作为一种特殊的政治方案，其行为体的权力建立在拥有一定领土，能够动员其人力和自然资源来实现政治、经济和军事目标上面）和“资本积累在时空中的分子化过程”（帝国主义作为一种在时

① ［加拿大］埃伦·M. 伍德著，王恒杰、宋兴无译：《资本的帝国》，上海：上海译文出版社，2006 年版，第 2 页。

空中扩散的政治经济进程，支配和使用资本占据着其首要的地位）这两种要素矛盾的融合。[①] 他认为这两种权力逻辑之间的辩证关系是分析资本主义帝国的基础，在做具体分析时，要避免单纯的政治或经济分析模式。

同时，大卫·哈维也强调资本主义的帝国主义区别于其他帝国主义是由于权力的资本逻辑占据了支配地位。他对资本主义的帝国主义的解释是由“空间修复”理论延伸而来，指出资本主义国家可以通过开拓非均衡性地理环境，利用不公平和不平等交换，产生垄断力量、限制资本流动、榨取垄断资金等“非对称性”的关系，来进行资本积累。为了应对资本积累无休止的对外扩张的动力，权力的领土逻辑也要相应的扩展。他引用汉娜·阿伦特的观点来说明这一问题，“资本的无限积累必须建立在权力的无限积累之上……资本的无限积累进程需要政治结构拥有‘权力的无限积累进程’，以通过持续增长的权力来保护持续增长的财产。”[②] 大卫·哈维指出，资本积累的分子化过程（尤其是在金融资本领域），可以轻而易举地破坏国家政权，几乎都会导致地缘政治冲突。因此，发达资本主义国家为了进行“空间修复”，保障权力的资本逻辑，必须付出很大努力来掌控这一过程。简而言之，国家必须参与地缘政治斗争，并在可能的时候采取帝国主义行为。

综合来看，埃伦·伍德和大卫·哈维的理论有明显不同。埃伦·伍德着重研究了美国“新帝国主义”特点，明确区分了早期资本主义帝国（英国、法国等欧洲帝国）和新型帝国（美国）。他认为早期资本主义帝国是偏向以殖民、侵略为手段的传统帝国，但是他忽略了早期资本主义帝国身上已经带有属于资本主义帝国的特征。大卫·哈维在其著作《新帝国主义》中，只是对“资本主义的帝国主义”进行了界定，没有指出美国与其他资本主义帝国的区别（在论述中所举的例子包括1870年以来的欧洲帝国和美帝国，并非特指美国）。他在后

① ［英］大卫·哈维著，初立忠、沈晓雷译：《新帝国主义》，北京：社会科学文献出版社，2009年版，第24页。

② ［英］大卫·哈维著，初立忠、沈晓雷译：《新帝国主义》，北京：社会科学文献出版社，2009年版，第29页。

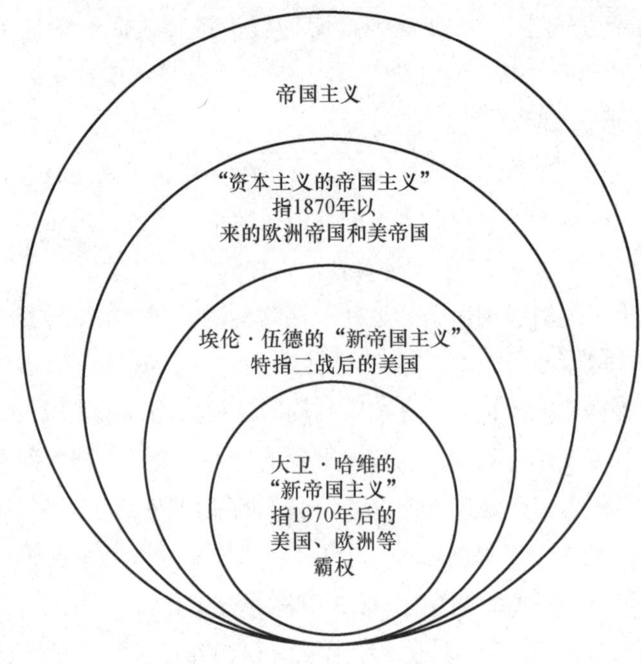

图6—7　帝国主义的概念

来发表的文章《新帝国主义“新”在何处?》中对此作出修正，认为新帝国主义是在欧洲、北美和日本的霸权下因摧毁剩余资本吸收障碍而发展起来的，与新自由主义革命具有内在联系。总体说来，他们两位对新帝国主义的阐释有极大贡献，但是各自又有各自的不确切之处。因此，本书将取他们两位的长处，对资本主义阶段以来的帝国主义重新进行梳理。

二、新帝国主义的重新阐释

本书认为当世界进入资本主义阶段后，其帝国主义政策是资本逻辑和领土逻辑共同作用的结果。

表 6—1　帝国主义的阶段

<table>
<tr><th colspan="2">分类</th><th>时间段</th><th>特点</th><th>历史事实</th><th>属性</th></tr>
<tr><td rowspan="3">资本主义阶段的帝国主义</td><td></td><td>第一阶段
1870—1945 年</td><td>资本逻辑（空间突破）+领土逻辑为主导（扩张）</td><td>世界大战</td><td>带有传统帝国主义色彩</td></tr>
<tr><td rowspan="2">新帝国主义</td><td>第二阶段
1945—1970 年</td><td>资本逻辑（空间突破）+领土逻辑（不扩张）</td><td>美苏争霸</td><td>新帝国主义特征出现</td></tr>
<tr><td>第三阶段
1970 年之后</td><td>资本逻辑为主导（时间突破+空间突破）+领土逻辑（不扩张）</td><td>新自由主义政策下美国霸权</td><td>新帝国主义特征凸显</td></tr>
</table>

第一阶段：1870—1945 年，表现为领土逻辑占主导并带有传统帝国主义色彩。这一期间产生的帝国主义是欧洲的过剩资本为了实现“资本超限积累”，实行空间突破，加上帝国的政治权力也随之向外扩张，产生了殖民统治、扩张领土、军事大战、瓜分世界的结果。正如汉娜·阿伦特所指出的，“扩张”的概念本不是由政治学所能诠释的，而是来自于商业上的冒险，意指永无止境地拓展工业生产。资本的过度生产导致了永无止境地拓展生产的停滞与减缓，这些因素促使其跨越国境寻找机会，在世界上掀起了大规模的投机性投资和贸易的浪潮。但跨境经济活动风险巨大，于是资产阶级要求国家政治权力的庇护，出现了权力的向外扩张温驯地追随着金钱输出的途径，帝国主义应运而生。

然而，民族国家是建立在人民的真诚共识之上的，不适合无限制地向海外扩张，民族国家本身并不能为帝国主义提供稳固的基础。为了达成经济上的扩张，资产阶级调动起民族主义、侵略主义、爱国主义，尤其是种族主义，最终形成了推行种族主义政策的资产阶级帝国主义，如英国、法国、荷兰、德国和意大利。由于过剩资本谋取海外市场的需求增长，各帝国主义国家不断向外扩张其政治权力，帝国主义国家之间相互竞争，竭力占领更多的领土，资产阶级民族主义和帝国主义之间潜在的矛盾根本无法得以解决，这最终导致了帝国主义国家之间长达五十年的对抗与战争。[1] 这一阶段虽然进行了空间突破，但是却是以领土扩张为主导，体现为殖民掠夺，带有更多的传统帝国主义色彩。

第二阶段：1945—1970 年，第二次世界大战结束后百废待兴，资本积累增长迅速，小规模过剩危机总体可控，美帝国凭借其经济霸权操控世界，领土逻辑也表现为非扩张，实际已经进入新帝国主义阶段。

美国不同于其他欧洲帝国，它由多民族构成，不存在其他欧洲帝国的狭隘民族主义。同时它拥有充足的内部扩张空间，在其他帝国争霸之时，美国逐步累积实力，终于在第二次世界大战中脱颖而出，成为最强大的超级大国。然而，自詹姆斯·麦迪逊开始，避免进行海外扩张一直是美国政治思想和实践的一项重要原则，因为美国人担心进行海外扩张将会破坏美国的民主。第二次世界大战后通过建立布雷顿森林体系，包括国际货币基金组织、世界银行、国际清算银行以及关税和贸易总协定等国际组织，美国确立了经济霸权。

至此，美国建立起不同以往的帝国主义模式，它之所以是“新帝国主义”，是因为它所建立的帝国主义模式避免了直接的殖民统治（并非不动用武力），而是尽可能依靠其经济霸主地位，采用成本更低、风险更小、获利性更强的操控资本主义经济机制的方式，把自己的经济法则强加于那些形式上独立的国家，从而控制整个世界。新帝国主义经济力量超越任何现存的政治与军事力量，经济霸权扩展到远远超越直接政治控制的界限。

在经济方面，战后物资匮乏以及大规模的重建工作，为资本积累提供了很大的增长空间。这一时期，发达资本主义国家的经济取得了飞速发展，资本积累实现快速增长。尽管美国也时常存在资本过度积累所带来的威胁，但直到 20 世纪 60 年代末，通过一系列内部调整和在国内外进行空间突破，使这一威胁基本得到了控制。在政治方面，美国与苏联进行冷战。它将自己置于资本主义国家集体安全体系的领导地位，并且在各资本主义强国之间达成一种默契，避免相互之间爆发战争。它利用

① ［英］大卫·哈维著，初立忠、沈晓雷译：《新帝国主义》，北京：社会科学文献出版社，2009 年版，第 39 页。

自己的军事力量、隐蔽行动，以及各种形式的经济压力，以保证建立或维持友好政府。为达这一目的，美国支持推翻民选政府的行为，并直接或间接地推行肃清那些据认为对美国利益构成威胁的国家政策。在伊朗、危地马拉、巴西、刚果、多米尼加共和国、印度尼西亚、智利，以及其他一些地区，美国都是这么做的。美国还通过选举和其他一些隐蔽的方式对世界各地的许多国家进行干涉。

第三阶段：1970 年以后，美帝国国内进行了新自由主义改革，其利用强大的金融体系控制全球金融市场，掠夺、剥削世界其他国家，新帝国主义特征凸显。

在经历几十年繁荣之后，20 世纪 70 年代，美国经济出现停滞和下滑，爆发了典型的以产能过剩和产量过剩为特征的资本主义经济危机——“滞胀”。此时，社会各界对凯恩斯学说的批判导致了新自由主义思潮兴起，美国转而通过金融领域来维持自己的霸权（时间突破），各种金融管制逐步取消，形成以金融为主导的新自由主义积累结构。

在此基础上，美帝国利用时间突破与空间突破结合的方式来刺激“资本超限积累”。美国国内的金融改革导致了强大的金融体系的建立，该体系拥有控制全球金融机构（如国际货币基金组织）的力量。以美国为首的发达国家对后发国家开列“政策指南”，强迫其他国家对西方特别是美国资本开放其国内市场，尤其是金融市场，使得美西方的剩余资本在全球范围内自由、快速流动，寻求获利机会，疯狂进行掠夺性的金融投机，利用信贷操纵和债务管理来剥削很多弱小的经济体，将资本过剩的压力转嫁给世界。

纵观资本主义帝国的历史，可以总结出“新帝国主义”的特点：

其一，新帝国主义以资本逻辑为主导，通过空间突破的各种形式，极力寻求“资本超限积累”。

新帝国主义区别于传统帝国主义的最大特点是它不通过领土扩张与殖民统治，而通过操控市场的方式，剥削、控制、统治其他国家或地区，满足资本扩张逐利，其内在动机是为了形成“资本超限积累”。

资本主义社会的内在灵魂和核心原则即是资本逻辑，资本逻辑是追求自身增值、利润最大化、企图无限积累的本性。资本逻辑力图将一切自然和社会都纳入资本原则，其不会止步于受到内在限制的积累程度，而是通过各种突破路径寻求“资本超限积累”。就帝国主义来源中的资本逻辑而言，或是空间突破为主（早期资本主义），或是空间突破和其他突破的结合（新自由主义时期的资本主义）。

单纯的空间突破并不会导致帝国主义，但是为了保证资本获益，政治权力不可避免地要参与进来。“资本确实需要国家强制的支持，同时国家权力本身也受到资本的蚕食”。[①] 于是各类强权、强迫、强制手段开始登场，帝国要求其他国家屈服于各类突破，任凭资本的剥夺与摆布，以此实现“资本超限积累”。而其代价是其他国家或者地区受到了剥削，这些地区的人们受到了压迫，资本帝国的繁荣建立在其他属国的贫困、被剥削的基础之上。

其二，新帝国主义以强大的军事力量为保障，以不扩张、非殖民的领土逻辑为基础，但绝不排除局部军事战争的可能。

新帝国主义不依靠直接的瓜分领土与殖民统治，在领土逻辑方面表现出不扩张的特点，但是这并不意味着非经济力量的削弱。实际上，资本的经济力量没有非经济力量的支持无法存在，如果不借助于政治军事的强权力量，不仅不可能实现经济强制的推行，也不可能获得资本积累和市场运行所需的日常社会秩序。

美国不惜花费巨大代价来维持其军事优势，使其他国家不敢挑战它的领导地位。美国的国防支出整体上一直保持增长趋势，2016 年美国国防支出高达 6050 亿美元，2018 年美国国防支出为 6430 亿美元，2019 年将达到 7500 亿美元，超过紧跟其后的 8 国军费总和。[②] 埃伦·伍德认为美帝国所需要的是战争的无限可能性，以维持其在全球多元国家体系上的霸权。所谓的“战争的无限可能”表现为一种众所周知的军事部署，制造一种“战争状态”，从而使得对手永无安全感。比如，美国军

---

① ［英］大卫·哈维著，初立忠、沈晓雷译：《新帝国主义》，北京：社会科学文献出版社，2009 年版，第 3 页。

② 朱同根：《冷战后美国发动的主要战争的合法性分析：以海湾战争、阿富汗战争、伊拉克战争为例》，《国际展望》，2018 年第 5 期。

队通过频繁的军事演习，向世人展示它可以随时到达任何地方及其超强的破坏力。特别是近些年来美国的经济优势已经今非昔比，我们绝不相信美国会安静、平和地接受和承认其霸权衰弱的事实，它更加有可能会毫不节制地利用巨大的军事优势来追求利益。

三、新帝国主义的积累方式

新帝国主义是占据主导地位的资本逻辑与作为基础的领土逻辑的结合，本身就是资本积累霸权和国家政治霸权的综合体。从而新帝国主义的积累方式既包括单纯经济剥削、经济统治的经济强制，又包括国家通过军事暴力手段来获取利益、展示政治霸权的超经济强制，这些强制手段混合运用于新帝国主义实践中。需要说明的是，新帝国主义不仅对其他国家进行掠夺压制，对国内也同样如此。其积累方式突出表现为以下几点：

（一）以美国为首的发达资本主义国家将“华盛顿共识”作为推手，诱导发展中国家进行新自由主义改革，其目的是使得资本在全球自由流动，从而对其他国家进行从温和到野蛮的剥削

美国和英国的新自由主义模式被定义为解决全球问题的方案，并通过“华盛顿共识”在全球推广。“华盛顿共识”源于1989年美国国际经济研究所召开的讨论拉美经济调整和改革的研讨会。拉美国家的政府官员、美国财政部等部门的官员、世界银行、国际货币基金组织以及美洲开发银行等国际机构的代表、金融界和企业界人士以及一些经济学家出席了会议。会后，美国国际经济研究所前所长约翰·威廉姆逊总结会议成果，明确阐述了拉美国家在经济调整和改革过程中应该采纳的十个方面的政策取向，这即是“华盛顿共识”的主要内容。① 综观“华盛顿

① 包括（1）加强财政纪律，压缩财政赤字，降低通货膨胀率，稳定宏观经济形势；（2）把政府开支的重点转向经济效益高的领域以及有利于改善收入分配的领域（如文教卫生和基础设施）；（3）开展税制改革，降低边际税率，扩大税基；（4）实施利率市场化；（5）采用一种具有竞争力的汇率制度；（6）实施贸易自由化，开放市场；（7）放松对外资的限制；（8）对国有企业实施私有化；（9）放松政府的管制；（10）保护私人财产权。

共识”的主要内容，大多数都属于新自由主义的政策主张。威廉姆逊声称，上述主张不仅适用于拉美，而且还适用于其他有意开展经济改革的发展中国家。

此后，“华盛顿共识”作为“成功经验”在全球国家中推广，其目标是打开尽可能多的国家和地区，让资本自由流动，这是美国、欧洲和日本的金融力量从世界其他国家和地区进行掠夺的基础。美国利用多种手段促使发展中国家开放金融市场，把这些国家纳入到以美元为中心的国际金融体系中。越来越多的发展中国家逐步放松或取消资本管制，融入全球股票、债券、外汇、衍生金融工具等现代金融市场。国际市场的日均金融交易流通总量 1983 年保持在 23 亿美元，而到 2001 年增加到 1300 亿美元，2001 年一年的流通量达 40 万亿美元。国际外汇市场交易规模不断扩大，据国际清算银行统计，1973 年全球外汇市场日平均交易规模仅 150 亿美元，1989 年为 5900 亿美元，1998 年达到约 1.5 万亿美元，2013 年达到 5.3 万亿美元。[①] 金融机构也出现全球化趋势，据不完全统计，1995—2007 年，全球 104 个国家里，共有 1189 家银行并购了 2515 家银行，交易金额高达 14310 亿美元。[②] 跨国金融机构不仅数量增加，其规模也越来越大。美国银行、摩根大通银行、花旗银行通过在国内外大规模的兼并与收购，到 2008 年三家银行巨头各自拥有超过 1.2 万亿美元的庞大资产，成为综合化、全球化的巨型金融机构。[③]

美国这样做的实质不是促进财富生产，而是对世界财富和收入进行再分配，国际金融巨头往往能攻击发展中国家脆弱的金融系统，从而实现“掠夺性的积累”。图 6—8 中的实线描绘了自 1948 年以来，美国来自世界其他地区的总资本收入与国内利润之比的变化。该比例从最初的 10% 稳步上升，至 1978 年达到了 45%，之后便急剧上升，1980 年达到 80%，2000 年为 100%。该图说明全世界范围内的新自由主义运动，极

---

① 黄莺：“全球金融稳定探索”，中国现代国际关系研究院博士研究生学位论文，2016 年，第 95 页。

② 向松祚：《新资本论》，北京：中信出版社，2015 年版，第 122 页。

③ 李国平、周宏：《金融资本主义全球化：实质及应对》，《马克思主义研究》，2014 年第 5 期，第 55 页。

大地增加了美国来自国外的资本收入，这是新帝国主义的一个重要特征。①

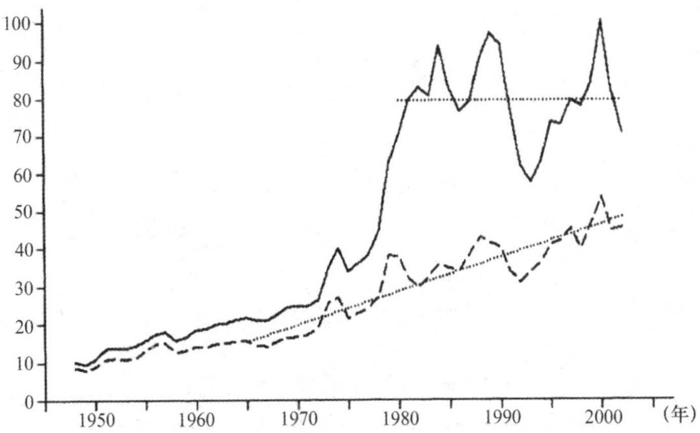

图6—8 1948—2002年美国来自世界其他地区的总资本收入和海外直接投资利润分别与国内利润的比率（单位：%）

说明：实线代表来自世界其他地区的总资本收入与国内利润的比率，虚线代表美国在海外的直接投资利润与国内利润的比率。

资料来源：Gerard Dumenil. Dominique Levy. The economics of US imperialism at the turn of the 21st century［J］. Review of International Political Economy，2004，10：657－676. Figure 1.

从图6—9中可以看出，世界其他国家对美投资与美国对世界其他国家投资的实际回报率之间的区别，美国在世界其他地区获得的回报比外国从美国所获回报大得多。“实际回报率”是指收入的变动与持有股票之间的比率，并且对通货膨胀导致的债务贬值进行了修正。美国在海外的投资回报率，在整个时期平均约为7.8%，新自由主义改革之前的平均率为6.2%，新自由主义改革之后的平均率为9.3%。外国对美投资的实际回报率在1980年前后的平均率分别为1.8%和4.5%。②

① Gerard Dumenil. Dominique Levy. The economics of US imperialism at the turn of the 21st century［J］. Review of International Political Economy，2004，10：657－676.

② Gerard Dumenil. Dominique Levy. The economics of US imperialism at the turn of the 21st century［J］. Review of International Political Economy，2004，10：657－676.

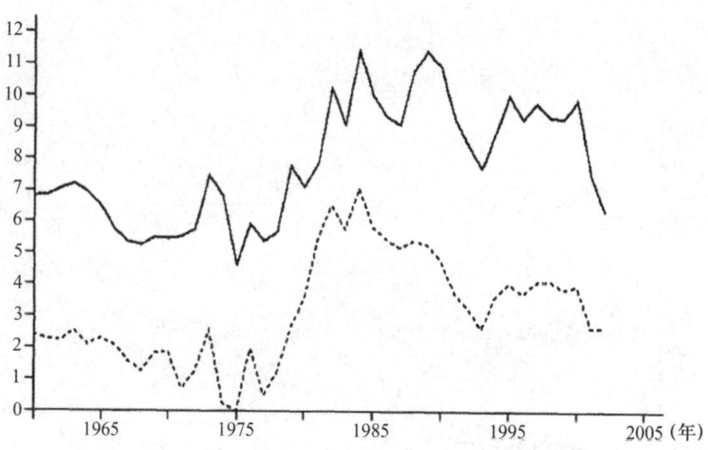

图 6—9　1960—2002 年美国海外投资与外国对美投资的实际回报率（单位:%）

说明：实线代表美国海外投资的实际回报率，虚线代表外国对美投资的实际回报率。

资料来源：Gerard Dumenil. Dominique Levy. The economics of US imperialism at the turn of the 21st century［J］. Review of International Political Economy，2004，10：657－676. Figure 2.

（二）“债务陷阱”成为新帝国主义掠夺性积累的重要方式

20 世纪 70 年代欧佩克组织成立后，逐步取得石油的定价权。该组织采取石油减产、禁运、提价、国有化等措施，导致在 1974 年油价猛涨 3 倍，石油输出国由此获得了大量石油美元。迫于美国的霸权压力，沙特阿拉伯同意了通过美国的投资银行回收其全部石油美元。然而当时美国国内经济低迷，没有理想的投资领域，于是这些巨量的资金到境外寻找高收益投资，尤其是贷给外国政府的资金贷款渐渐活跃起来。按照花旗银行董事长沃尔特·里斯顿的说法，“政府不可能移动或消失”，对政府投资是最安全、风险最小的。

最为典型的就是美国对墨西哥的投资。1970 年的全球危机严重影响了墨西哥，革命制度党的应对措施是扩大公有部门，接管倒闭的私人企业，维持其就业以避免工人阶级骚乱的危险。于是政府企业在 1970—1980 年间增加了 2 倍以上，员工也翻了一番，但是这些企业持续亏损，政府不得不靠借贷来资助它们。美国各大银行把目光锁定墨西哥（墨西哥有很多油田，美国各大银行贷款给它几乎不会承担风险），这些银行有足够的石油美元用来投资，之后墨西哥的对外债务迅速增加，从1972年的68亿美元上升到1982年的580亿美元。

然而，美国的经济衰退使其减少了对墨西哥产品的进口，同时石油价格暴跌，墨西哥政府收入下降，还本付息的代价增加。1982年8月，墨西哥政府宣布破产。美国华尔街财团趁机以极低的价格控制了墨西哥的银行、电力、能源等关键行业。1984年，国际货币基金组织、世界银行和美国财政部同意提供贷款帮助墨西哥脱离险境，但是同时提出墨西哥需要进行“结构性调整”，包括实施节俭计划以及新自由主义改革，如私有化、重新组织金融体系、开放国内市场、降低关税壁垒、建立更具弹性的劳动力市场，等等。

马德里总统接受了这些附加条件，将墨西哥开放给西方国家。墨西哥在1989年签署了后来被称为“布雷迪计划”的部分债务免除的协议，条件是进一步加大新自由主义改革。但新自由主义改革的一个重要结果是导致了1995年爆发“龙舌兰风暴”。美国虽然组织“经济援助”以保持全球资本积累正常运转，但其做法导致了墨西哥的资产从国内转移向国外，它铺就的道路是在劫掠墨西哥财富，被诟病为“债务陷阱”。

（三）美元霸权是美帝国对全球掠夺的锋利武器

美元霸权是指美元作为世界货币，在全球外汇储备、外汇交易及贸易结算中处于主导地位，是美国金融资本霸权的关键。第二次世界大战后，布雷顿森林体系“双挂钩”机制（美元与黄金挂钩、其他货币与美元挂钩）确立了美元的霸权地位，而20世纪70年代布雷顿森林体系的崩溃，使得美元本身成为无实物支撑的信用货币，美元由此作为美帝国对全球进行掠夺的锋利武器。

其一，美元在全球范围内征收铸币税。在信用货币制度下，纸币的币面价值超出制造纸币成本的部分，就构成了铸币税。美元作为世界货币，事实上独享了全球的铸币税收益，美国1990—2004年平均每年获得的传统意义上的铸币税为181亿美元。[①] 其二，在国际收支中美国始终保持贸易逆差以及资本和金融账户顺差，美国对外支付美元可以购买商品和服务，而其他国家积累的巨额外汇储备往往只有重新投放到美国金融市场。美国实际上成为国际资本的聚集地，资金源源不断流入从而支持了金融市场的繁荣，这种“资本逆流”造成了穷国补贴富国的不公正现象以及债务国支配债权国的反常体系，使全球经济体为美国的财政赤字、国际收支赤字融资。[②] 其三，通过美元贬值掠夺财富。20世纪80年代以来，美国逐步由世界最大债权国变成世界最大债务国。面对巨额债务，美国通过制造美元贬值稀释对外债务，实际上是价值从债权国向债务国的转移。以中国为例，“截止2009年5月，中国持有美国国债8015亿美元，已经成为美国国债的最大持有者。由于美元对人民币的贬值幅度较大，美元贬值产生的债务自动减免额高达700亿美元”。[③]

美元霸权使得美国从全球获得了巨大的利益，一旦世界其他国家拒绝认可和使用美元，美元的世界货币地位将被削弱，由美元霸权带来的巨大收益将会受损，因此美国极力维护美元的霸权地位。2001年萨达姆公开挑战美元霸权，改用欧元结算石油，“9·11”事件后，美国以“反恐”的名义发动对伊战争，在美国占领伊拉克后所做的第一件事就是将伊拉克石油交易的货币改回到美元。再如2011年北约发动利比亚战争，其中一个重要原因就是卡扎菲倡导非洲产油国抛弃美元，用黄金作为计价石油和天然气的货币，使整个非洲实现金融乃至经济独立，种种做法触动了美元的利益。

（四）巨型垄断跨国公司在全球布局产业链，雇佣低成本劳动力大军、把控专利技术、霸占优质资源与环境、控制生产与营销网络，从而攫取全球财富

列宁强调，帝国主义最深厚的经济基础是垄断。在新帝国主义时

---

① 宋芳秀、李庆云：《美元国际铸币税为美国带来的收益和风险分析》，《国际经济评论》，2006年第4期。

② 蒯正明：《论新帝国主义的资本积累与剥削方式》，《马克思主义研究》，2013年第12期。

③ 白暴力：《美元过量发行与贬值的财富转移效应》，《汉江论坛》，2009年第12期。

期，全球经济一体化推动更多的垄断资本在海外寻找增值机会，资本集中程度不断强化，形成相较于传统帝国主义时期规模更大、辐射国家更广、获利更多、金融行业占比不断增加的巨型垄断跨国公司。1980—2008 年，全球跨国公司的数量从 1.5 万家增至 8.2 万家，海外子公司数量从 3.5 万家增至 81 万家。1980—2013 年，全球最大 2.8 万家公司的利润从 2 万亿美元增至 7.2 万亿美元，占全球 GDP 的比重从 7.6% 增至近 10%，一些公司的规模已经超过某些发达国家的经济体量。有研究者通过分析全球 43060 家跨国公司，发现排在最核心的 147 家跨国公司控制了全球近 40% 的产值，而其中的 3/4 都是金融中介机构。[①]

垄断跨国公司是对外直接投资的主要载体，它们掌握着世界 80% 的专利技术，负责制定产业标准以及产品核心部分的研发；它们将生产制造部门转移至南方国家，雇佣低成本劳动力大军，从事劳动密集型加工装配，据世界劳工组织数据，1980—2007 年，世界劳动力从 19 亿增长到 31 亿，其中 73% 来自发展中国家，仅中国和印度就占 40%；[②] 它们利用不平等的分工网络占有巨额利润，无偿获取了大部分劳动者制造的剩余价值，而劳动者却遭遇了劳动强度大、工作时间长、工作环境差、工资普遍较低的现实。据统计，美国公司的海外利润占比已经从 1950 年的 5% 增加到了 2008 年的 35%，海外留存利润占比从 1950 年的 2% 增至 2000 年的 113%。[③] 此外，跨国公司还利用其知识产权的垄断（包括产品设计、品牌名称、营销中使用的符号和图像等）获取巨额利益，据联合国贸发会数据，跨国公司的特许权使用费和许可收费已经从 1990 年的 310 亿美元增长到 2017 年的 3330 亿美元。[④]

---

① 程恩富、鲁保林、俞使超：《论新帝国主义的五大特征和特性——以列宁的帝国主义理论为基础》，《马克思主义研究》，2019 年第 5 期。

② J. B. 福斯特、R. U. 麦克切斯尼、K. J. 约恩纳，张慧鹏译：《全球劳动力后备军与新帝国主义》，《国外理论动态》，2012 年第 6 期。

③ 崔学东：《当代资本主义危机是明斯基式危机，还是马克思式危机》，《马克思主义研究》，2018 年第 9 期。

④ “World Investment Report 2018—Investment and New Industrial Policies”，https：//unctad. org/en/Pages/DIAE/World%20Investment%20Report/World%20Investment_ Report. aspx.

（五）金融领域中投机、掠夺、诈骗、盗窃等游离于法律与道德边缘的手段也成为积累的重要方式

通过金融体系进行掠夺性积累，包括股票促销、庞氏骗局、借助通胀导致结构性资产破坏、通过合并与收购进行的资产剥离、债务责任等级提升，以及公司诈骗、利用信贷和股票而进行资产掠夺（通过股市崩盘和公司倒闭来劫掠资金），所有这些在强大的金融化浪潮中可谓司空见惯。

著名的庞氏骗局，就是运用欺诈手段对公司利润做出虚假陈述，当投资者要求兑现时，虚假陈述败露，投资者遭受极大损失。20 世纪 20 年代初，查理·庞奇在波士顿注册了一家公司，专门吸收公众存款，承诺的年利率高达 45%，远高于当时传统银行 2%—3% 的利率水平。庞奇利用新吸收的存款向旧储户支付利息，不断做大存款规模。庞奇承诺极高的利率水平，很多客户愿意将其本息续存，以继续获得“利滚利”的高额回报。但当有众人兑现收益时，骗局终究败露，庞奇最终锒铛入狱。

安然公司算是卷入骗局和证券欺诈丑闻最为知名的企业。2000 年之前，安然公司被评为全球第七大企业，但是随着美国股市的衰退，安然公司很快就坠落到破产边缘，股价大大缩水，债券价格不断下挫。此时，安然的财务总监开始编造虚假的利润，并通过隐藏负债等金融欺诈手段增加了当年利润，大肆炒作公司股票，操纵股价交易。在股票被炒作到高点时，安然公司董事长开始抛售自己所持股票，保证自己稳赚不赔。但抛售行为导致安然公司股价暴跌，不知情的公众为此付出了代价，他们的钱财已被安然公司高管所掠夺。

此外，国际游资数量庞大，它们不会投入确定的产业领域，而是处于游动状态，在全球范围内寻找短期获利的机会。① 国际上并没有形成对游资测算的共识，但其规模巨大是毋庸置疑的。全世界目前约有 6000 多个对冲基金，这些庞大的资金在国际金融市场上从事投机套利

① 李扬、黄金老：《资本流动全球化：90 年代以来的新发展》，《中国城市金融》，2000 年第 4 期。

活动。索罗斯集团旗下的七大对冲基金净资产达到了180亿美元，由于使用杠杆操作，索罗斯可操作的交易头寸竟达到3600亿美元。另据估计，全世界范围内的游资总额已接近10万亿美元，这些总额相当于全世界生产总值的20%，在全世界金融市场每天的交易量至少有1.2万亿美元，是全球国际贸易实际交易总额的50倍。

（六）发动局部战争，对其他地区或国家进行劫掠

冷战后，美国先后发动或参与了海湾战争（1991年）、科索沃战争（1999年）、阿富汗战争（2001年）、伊拉克战争（2003年）、利比亚战争（2011年）、叙利亚战争（2011年至今）。2003年美国发动伊拉克战争，在占领伊拉克后，时任伊拉克临时管理当局负责人的保罗·布雷默颁布了四项法令，其中包括国营企业私有化、外国公司对伊拉克企业拥有完全所有权、开放伊拉克银行由外国管理、给予外国企业国民待遇、清除大多数贸易壁垒，等等。这些法令应用于除石油领域之外的所有经济领域，包括制造业、服务业、运输业、金融业、公共服务等。由此可见，美国设在伊拉克的临时管理当局，其根本任务是为国内外资本（主要是美国资本）的高盈利资本积累创造种种条件。

美国在使用武力或威胁使用武力的同时，越发倚重“颜色革命”、网络攻击、金融制裁等非军事强制力量以对其他国家或地区进行掠夺。近些年来，美国通过策动“颜色革命”推翻相关国家政权的案例越来越多，例如塞尔维亚、格鲁吉亚、乌克兰、吉尔吉斯斯坦、中东剧变等。2014年美国仅用大约50亿美元就推翻乌克兰原政权，是一种低成本、高收益的攻击手段。原政权被推翻后，以美国为首的西方国家会扶植亲美领导者上台，这些国家的政策全然听命于美西方国家的安排，从此沦为西方经济与政治的附庸。

第三节　经济危机

资本主义经济危机是生产力发展到一定历史阶段的产物，是其基本矛盾（即生产社会化和资本主义生产资料私有制之间的矛盾）的外在体现，具有周期性和必然性的特点，只要资本主义制度存在，经济危机便无法消除。迄今为止，资本主义世界已经爆发了大大小小数十次经济危机，一部资本主义经济史，在一定意义上也就是一部周期性爆发的经济危机史。表6—2整理了有重要影响的资本主义经济危机。

表6—2　有重要影响的资本主义经济危机

时间	波及范围	直接原因	影响及后果	类型
1636	荷兰	郁金香花球茎投机狂热的破裂	经济萧条	最早期的危机
1720	英国、法国、荷兰、意大利北部	南海股票和密西西比公司的股票投机狂潮的破裂	经济萧条	早期的危机
1825	英国	盲目扩张的生产超过国内外市场容量	物价暴跌、企业倒闭、失业增加、金融市场动荡、市场萧条	生产过剩危机
1847—1848	英国、美国和欧洲大陆的许多国家	铁路投机热潮的破产	铁路建设缩减、整体工业生产缩减	工业危机
1857—1858	爆发在美国，波及德国、奥地利、普鲁士、丹麦、瑞典和法国等国	工业和铁路建设过度扩张超过市场需要	工业生产大幅缩减、企业破产、失业增加、粮食价格大跌	第一次世界性的生产过剩经济危机
1867—1868	英国、法国、德国、美国	铁路建设、造船业以及其他机器制造业热潮导致生产过剩	铁路建设、造船业以及其他重工业生产大幅下降	生产过剩经济危机

续表

时间	波及范围	直接原因	影响及后果	类型
1873—1879	始于奥地利，波及整个欧洲大陆及美国	铁路建设热潮掀起的投机泡沫破裂，1873 年维也纳“黑色星期五”股市暴跌	危机持续五年以上，重工业受到重创，生产减缩、失业增加、物价惨跌。卡特尔、托拉斯、辛迪加等垄断组织形式在这一时期发展起来	自由竞争向垄断转变时期最严重的经济危机
1882—1883	美国、英国、法国、德国	美国铁路建设退潮	持续四年经济萧条，重工业遭受重创，企业倒闭，工人失业	生产过剩经济危机
1900—1903	俄罗斯、法国、德国、比利时、英国、美国	1899 年夏俄罗斯金融市场爆发危机，在俄有大量投资并向俄罗斯大量出口的法国、德国、比利时、英国、美国继而爆发危机	各国生产下降、外贸缩减，企业倒闭、工人失业。此次危机促进了资本积聚和集中，加速了垄断组织的增加	列宁称之为“现代垄断组织史上的转折点”
1929—1933	始于美国和东南欧，最后席卷了整个资本主义世界	生产与销售矛盾加剧，农业危机加剧工业的不稳定，交易所破产加剧货币信用危机	整个资本主义世界工业产量大幅下降，世界贸易总额大幅下降，失业增加。1931 年 9 月，英国被迫放弃金本位制	典型的生产过剩经济危机
1948—1949	美国	战争时形成的高速生产惯性同战后国际国内市场暂时缩小的矛盾造成了危机	美国工业生产指数下降，失业率上升，并导致了马歇尔计划的出台	生产过剩经济危机
1957—1958	爆发于美国，日本、加拿大、英国、意大利、法国和联邦德国相继卷入	布雷顿森林体系下，美国劳动力成本高，贸易比较优势较低，出现产能过剩	经济危机与通货膨胀并存，工业生产下降，物价上涨，提高利率政策的实施诱发了美元危机	生产过剩经济危机

续表

时间	波及范围	直接原因	影响及后果	类型
1973—1975	从英国开始，美、日、法等国相聚卷入	国家垄断资本主义导致消极后果，各国实行的赤字财政政策刺激生产盲目畸形发展	通货膨胀、物价上涨、失业增加、工业生产下降、产品积压、企业破产	滞胀
1979—1982	从英国开始，波及欧美大陆和日本	第二次石油危机爆发，石油价格猛涨，严重打击各国经济，加深滞胀趋势	世界贸易萎缩，国际债务危机加深，通货膨胀率和高利率均创战后历史最高水平	滞胀
1982—1988	墨西哥金融危机，之后拉美爆发全面债务危机	发达国家输出过剩资本，转嫁经济危机；发达国家紧缩政策限制了拉美的出口，加重拉美国家的债务负担	拉美国家资产遭到劫掠，人均国民收入下降，外贸收入下降	债务危机
1990—1992	爆发于美国，很快波及加拿大、日本、欧洲和澳大利亚等国	1987 年 10 月的黑色星期一经两年半发酵，日本房地产泡沫破裂	日本“泡沫经济”从此陷入长期衰退，西欧国家企业破产、失业增加、财政赤字和外债大幅增加	金融危机
1997—1998	始于泰国，之后迅速波及马来西亚、新加坡、印尼和菲律宾等东南亚国家	国际金融市场游资的冲击，加上一些国家外债结构不合理，外汇政策处理不当	冲击了亚洲新兴国家的货币市场和金融体系，引发币值下跌，沉重打击实体经济	金融危机
2000—2003	始于美国，波及英国、加拿大、日本及西欧各国	网络科技泡沫破裂	经济衰退，为刺激经济开始实行宽松货币政策	金融危机

续表

时间	波及范围	直接原因	影响及后果	类型
2008	始于美国，波及全世界	美国房地产泡沫破裂引发次贷危机，美国金融市场和金融秩序失衡引发全球性金融危机	经济衰退，大量企业、金融机构破产，失业激增	金融危机

从表6—2看到，资本主义经济危机表现为不同的形态，如传统工业危机、金融危机、债务危机、“滞胀”等，每一次危机的直接原因、波及范围、表现特征都不尽相同。在具体了解每次危机独特性的基础上，我们更需要把握经济危机的发展趋势以及共性。

在前面章节中，论述了资本积累突破内在和外在限制寻求超限积累的路径，包括将过剩资本及产品投入其他国家与地区，或者更加倚重信用体系，或者加强基础技术创新，或者推进制度调整，抑或是将上述路径结合起来。虽然能够通过上述路径形成“资本超限积累”，但是资本主义基本矛盾没有消失或改变，反而使得矛盾更为积重难返，生产过剩加剧、金融领域矛盾突出、债务风险不断积聚等现象进一步推升了经济危机的等级。正如马克思和恩格斯指出的，“这不过是资产阶级准备更全面更猛烈的危机的办法，不过是使防止危机的手段愈来愈少的办法”。[①] 概括来讲，寻求“资本超限积累”对经济危机造成的影响如下。

一、经济危机更多地集中于金融领域

虽然在资本主义较早的时期，金融资本占据重要地位，并且也曾爆发过金融危机，但是20世纪70年代以来主要发达资本主义国家推行新自由主义革命以及由此导致的全球经济金融化，使资本主义进入了新的历史阶段——金融资本主义，即金融系统的财富积累凌驾于实际的产品

① ［德］马克思、恩格斯著，中共中央马克思恩格斯列宁斯大林著作编译局译：《共产党宣言》，北京：中央编译出版社，2018年版，第45页。

生产，金融资本在社会价值的增值中占主导地位，并对经济、社会、政治等各领域产生强大控制力的资本主义阶段。

金融资本的运行规律主要是跨时分配剩余价值，是希法亭提出的“创业利润”理论的当代形式，即不是对现在已有的剩余价值进行分配，而是对建立在预期基础之上的未来剩余价值进行资本化，是对未来经济的一种贴现与透支。然而，未来的剩余价值是虚拟的，现实中得到的贴现与透支收益在未来不一定能够兑现，如此当代金融资本不断产生风险，金融经济领域不断积累着风险。另一方面，各类金融产品以独立形态不断进行的交易和流通，不仅与实际生产过程发生脱离，而且与其所代表的资本价值发生偏离，金融市场中的价格并非实体经济相对价格的金融反映，金融市场成为投机套利的活动场所。随着放松乃至取消金融管制以及金融创新，金融家在货币、债券、股票等传统金融工具的基础上设计或再度打包形成新的衍生金融产品呈爆炸式增长，严重脱离实体经济活动，其虚拟性大大加强，例如风险投资、私募股权投资、股权激励机制、垃圾债券、资产证券化，等等。国际清算银行的统计显示，全球柜台交易未结清衍生金融工具的名义价值从 1998 年的 80 万亿美元增长到 2013 年的 710 万亿美元，之后稍有回落到 2016 年的 544 万亿美元①，是全球 GDP 的总量的 7—9 倍。参见图 6—10。

据美国经济学家艾肯格林和波多研究，1945—1971 年期间，世界共爆发金融危机 39 次。1973—1997 年期间，世界共爆发金融危机 139 次。20 世纪 70 年代初至今，金融危机爆发频率不断提高，危害性日趋增大。短短 40 多年时间，已出现 4 轮金融大危机，每轮危机都席卷多个国家的金融市场，造成企业破产、工人失业、通货紧缩、经济萧条。第一轮金融大危机爆发于 1982 年，墨西哥、巴西、阿根廷等 10 余个拉美国家外债余额超过 8000 亿美元，引发主权债务危机。第二轮金融大危机爆发于 20 世纪 90 年代初，日本等国出现了资产价格泡沫破裂，日本从此陷入长期衰退。1997 年泰国、马来西亚和印度尼西亚等新兴市

① http：//www. bis. org/statistics/index. htm（上网时间：2017 年 9 月 25 日）。

场资产价格泡沫破裂，爆发东南亚金融危机，并迅速波及韩国、俄罗斯、巴西、阿根廷等国，构成第三轮金融大危机。2008 年，美国两大抵押贷款企业——房地美和房利美陷入困境，雷曼公司破产，随后信贷收紧，引爆第四轮全球金融大危机。

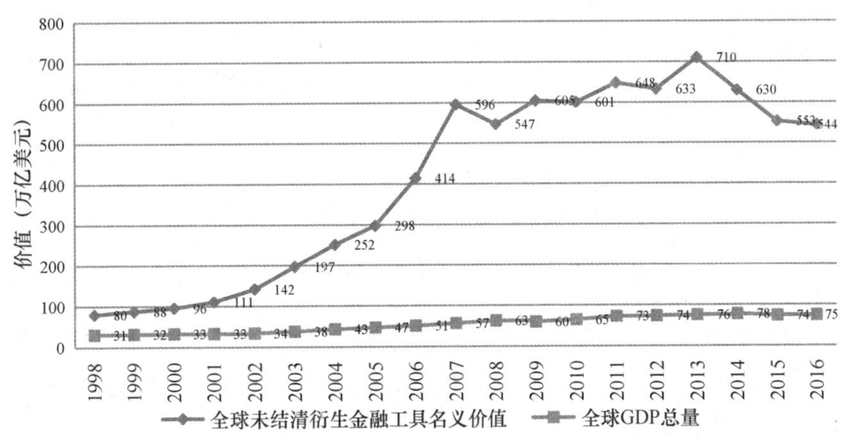

图 6—10　全球未结清衍生金融工具名义价值和全球 GDP 总量

资料来源：根据国际清算银行材料整理而成。

以 2008 年美国次贷危机引发全球金融大危机为例。2002—2007 年，华尔街金融家不断推出各类衍生金融工具，通过精心设计的资产组合技术将标准化程度较低的各类金融资产重新包装，变成具有明确投资回报率和信用风险等级很低的“绝对安全的金融资产”，从而能够大规模出售给机构投资者和普通个人投资者。如抵押贷款支持证券（MBSs）就是金融机构以抵押贷款、信用卡欠款、学生贷款的本息为基础，打包形成资产池发行的新债券。很多借款人故意隐瞒其收入及还款能力，而放款人对此睁一只眼闭一只眼，有的甚至帮助借款人弄虚作假，在贷款转化为债券的过程中，投资银行与评级机构合谋降低债券风险等级，不断地发放与购买致使美国房产泡沫不断累积。当越来越多的借款人无法按期偿还贷款时，就引起完整金融链条的断裂，整个体系瞬间崩溃。

二、债务危机风险加大

发达国家的巨额资金在国内若没有理想的投资领域，就会寻求通过空间突破到海外进行高收益投资。同时许多发展中国家的政府缺乏资金、急于借贷，按照花旗银行董事长沃尔特·里斯顿的说法，“政府不可能移动或消失”，因此发达国家向这些政府提供贷款相对而言是安全和有高收益的。

1973—1981 年期间，发达国家商业银行为攫取高额利润，以每年递增 20% 的惊人速度，向第三世界提供中长期贷款。当时，这些第三世界国家每年的出口增长额高达 18%，具有较好的还债能力，加上它们借的钱又大都用于向发达国家购买货物，发达国家可谓实现了从一头牛身上剥下两张皮。可是，到了 1979—1982 年危机期间，国际市场上的初级产品价格猛跌，跌幅最大竟达 30%—40%，发展中国家出口收入锐减，而为抑制通货膨胀，美西方的贷款利息率快速向上浮动，两方面因素同时作用使得发展中国家积欠的外债越滚越大。据国际货币基金组织统计，除石油输出国以外的 100 多个发展中国家的外债，在 1979—1982 年间每年以 16% 的速度递增。这些国家长期外债年底未清偿额 1979 年为 3244 亿美元，1980 年增至 3754 亿美元，1981 年增至 4369 亿美元，1982 年达 5052 亿美元。据美国摩根保证信托公司统计，到 1982 年底，欠外债最多的国家和地区依次为：巴西为 870 亿美元、墨西哥为 810 亿美元、阿根廷为 403 亿美元、韩国为 360 亿美元。

1982 年 8 月国际债务危机爆发了。墨西哥宣布无力偿付所欠 810 亿美元的债务，随后巴西、阿根廷等国也相继要求延期偿还到期债务。为避免受到债务国的牵连，以美国为首的西方发达国家和国际金融机构采取措施，赋予国际货币基金组织和世界银行协调债务免除的权力。国际货币基金组织要求债务国进行经济结构调整，优先满足银行和金融机构的需求，从而保护发达国家银行避免因拉美国家债务拖欠而陷入困境。这种做法实际上是从拉美国家掠夺资产来偿付国际银行家的债务，斯蒂格利茨讽刺道：这是多么古怪的世界啊，反倒是贫穷的国家在补助最富裕的国家。

尽管采取种种措施，但债务国仍然陷入经济停滞，其偿还债务的希望变得无比渺茫。这种情况下，1989 年美国提出“布雷迪计划”，金融机构承诺降低 35% 未偿债务作为损失，交换贴现债券，确保剩余债务的偿还。到 1994 年，包括墨西哥、巴西、阿根廷、委内瑞拉和乌拉圭在内的 18 个国家同意这项计划，但条件是这些债务国要进行新自由主义体制改革。本来就已弱不禁风的国内市场被迫向西方国家开放，1994 年墨西哥金融危机、1998 年巴西货币危机、2001 年阿根廷经济全面崩溃，也就不足为奇了。

三、操控危机与转嫁危机

经济危机很有可能会在精心安排、蓄意谋划、背后操纵之下进行，世界范围内的危机操控与管理，使得财富被掠夺与转移。危机可以通过外力强加于某些地区或国家，周期性地创造一些价值贬值、价值丧失，或被刻意低估价值的资产，然后再以极低的价格占有这些资产，从而使得过剩资本对这些资产进行营利性的使用。

以华尔街为代表的国际金融垄断资本，凭借美元霸权地位，通过金融杠杆对外掠夺财富、转嫁危机。跨国金融资本通常进入发展中东道国那些可以短期获利、快进快出的领域，如房地产、股票、债券市场等。大量资本的涌入导致东道国出现通货膨胀、资产泡沫、经济过热、本币升值等虚假繁荣，当泡沫越吹越大出现资本过度积累后，跨国资本便迅速获利抽逃，而发展中东道国则遭遇资产价格暴跌、汇率大幅贬值以及经济萧条。随后，国际金融垄断资本趁火打劫，通过极低的价格全面收购廉价资产，实现财富从贫穷国家到富裕国家的转移。

在分析 1997—1998 年亚洲金融危机时，韦德和维内罗索强调了这种现象，“金融危机通常会导致所有权和权力转移到那些保持自身资产完整和能够创造信贷的人手中，从这方面来说亚洲金融危机也不例外……毫无疑问，西方和日本的公司是最大的赢家。一家英国投资银行的负责人在讲话中说，‘如果某物昨天价值 10 亿美元，而现在只值 5000 万美元，这太令人激动了’。大规模的贬值、国际货币基金组织所推动的金融自由化以及国际货币基金组织协助进行的经济复苏，这三者相结合可能促成了过去 50 年以来最大规模的世界各地的国内财富向国外所有者的和平转移”。[①]

第四节　社会危机

20 世纪 70 年代末之后各国社会两极分化趋势明显，这种现象的产生并非偶然，托马斯·皮凯蒂基于长期视角，搜集了全球主要国家的大量财富及收入分配数据，据此研究全球社会两极分化问题。在充分借鉴托马斯·皮凯蒂研究成果的基础上，本小节对此做简要概述。

结合本书研究主题，一方面过去 40 多年在全球推行的新自由主义改革和金融化转向（其实质是为实现“资本超限积累”，政策意图是拓宽资本积累渠道、释放资本活力、吸收过剩资本），进一步促进了资本存量的增大，加之世界经济持续低迷，资本收益率高于经济增长率，导致了资本收入的不平等。另一方面，金融业从业者以及各企业高管收入遥遥领先于其他劳动者，致使劳动收入不平等拉大。资本收入不平等和劳动收入不平等共同作用，形成了社会两极分化现象。

一、资本收入不平等

在资本收入方面，从长期来看，资本存量增大以及资本收益率高于

① R. Wade and F. Veneroso, “The Asian Crisis: The High Debt Model versus the Wall Street-Treasury-IMF Complex”, New Left Review, 228 (1998), 20.

经济增长率，导致资本收入的不平等。[①]

（一）资本存量上升趋势显著

托马斯·皮凯蒂总结了长时期内资本存量的变化情况，得出资本存量明显上升的趋势。衡量某个国家资本存量的方法是计算“资本/收入比”，[②] 典型的资本主义国家，国民资本在长期的变动主要对应着私人资本的变动，私人资本/收入比可以大致等同于资本/收入比，1910 年欧洲私人总财富的价值是6—7 年的国民收入，1950 年价值为2—3 年的国民收入，2010 年价值为 4—6 年的国民收入。特别值得关注的是，1970 年以来，私人财富在发达国家强劲回归，如图 6—11 所示，20 世纪 70 年代初期，私人财富的总量在所有发达国家为 2—3. 5 年的国民收入，而 40 年后的 2010 年，所有样本国家的私人财富总量都达到 4—7 年的国民收入。

产生这一结构性变化的原因有：第一，根据托马斯·皮凯蒂所定义的“资本主义第二基本定律”：资本/收入比 = 储蓄率/增长率，增长率放缓（特别是人口增长率），加上高储蓄率的影响，会自动导致长期资本/收入比的结构性提高，在长期中积累起更大数量的资本。[③] 第二，始于 20 世纪 70 年代末的新自由主义改革掀起大规模的私有化浪潮，使得巨额公共财富转移到私人手中。数十年来公共资本在国民资本中的比重急速减少，在法国和德国，净公共资本在 1950—1970 年曾达到总国民资本的 1/4 甚至 1/3，而今天仅占几个百分点。第三，资产价格的历

---

① 托马斯·皮凯蒂定义的资本收入包括租金、股利、利息、利润、资本所得、版权所得，以及其他因拥有以土地、房地产、金融工具、工业设备等形式存在的资本所带来的收入。

② 衡量某个国家资本存量的方法是计算“资本/收入比”，用希腊字母 β 表示。其中，“资本”是存量，表示此前所有年份获得或积累的财富总量，包括了非金融资产（土地、住宅、企业库存、其他建筑、机器、基础设施、专利以及其他直接所有的专业资产）与金融资产（银行账户、共同基金、债券、股票、所有形式的金融投资、保险、养老基金等）的总和，减去金融负债（债务）的总和。“收入”是流量，是指一年内一国居民可得的所有收入之和（包括所有类型的收入），是从国内生产总值中减去生产所用的资本折旧，然后，加上从国外获得的净收入（或减去付给外国人的净收入）。这里的“资本”与马克思主义政治经济学里的“资本”不是同一个概念，这里的“资本”概念更有助于测量个人手中的财富分配情况，而马克思的“资本”要联系生产中的价值增值以及现实资本积累来理解。

③ ［法］托马斯·皮凯蒂著，巴曙松、陈剑、余江、周大昕、李清彬、汤铎铎译：《21 世纪资本论》，北京：中信出版社，2016 年版，第 168 页。

史性反弹。在20世纪80—90年代，房地产和股票价格长期处于高位。

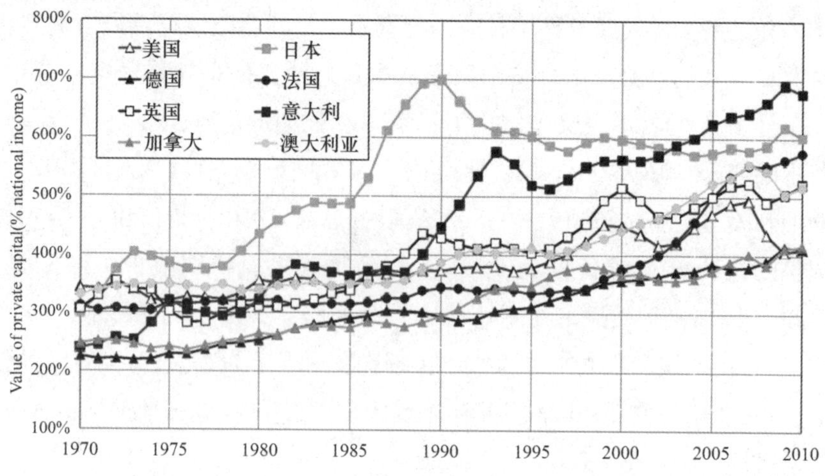

图6—11　1970—2010年发达国家的私人资本与国民收入之比

资料来源：［法］托马斯·皮凯蒂著：《21世纪资本论》中图表5.3。

（二）资本收益率弹性大于1，资本收入占国民收入的比重不断上升

从历史数据来看，在一个多元化的发达经济体中，资本的用途非常丰富，替代弹性通常大于1。[①] 当资本/收入比β递增时，资本收益率r会递减，然而资本总是可以找到一些新的有益的用途来实现积累（例如生产更加精密的智能机器人和其他电子设备、投资先进的医学技术、投入大型基础设施建设等），而不至于让资本收益率无限缩小为零。[②] 从长期来看，资本收益率的弹性（即资本和劳动之间的替代弹性）大于1。因此，根据公式，国民收入中资本收入的比重=资本收益率×资本/收入比（表示为$\alpha = r \times \beta$），资本/收入比β增加能导致资本收入比重α

① ［法］托马斯·皮凯蒂著，巴曙松、陈剑、余江、周大昕、李清彬、汤铎铎译：《21世纪资本论》，北京：中信出版社，2016年版，第224页。

② “资本收益率”衡量了一年内资本以各类形式（利润、租金、分红、利息、版税、资本利得等）带来的收益，以占投入资本价值的百分比来表示。“资本边际生产率”是指增加一个单位资本所增加的生产价值，一般而言，随着资本存量的递增，在达到一定规模后便出现资本边际生产率递减。在这里，托马斯·皮凯蒂假设资本收益率等于资本边际生产率。

稍有增加，反之亦然。

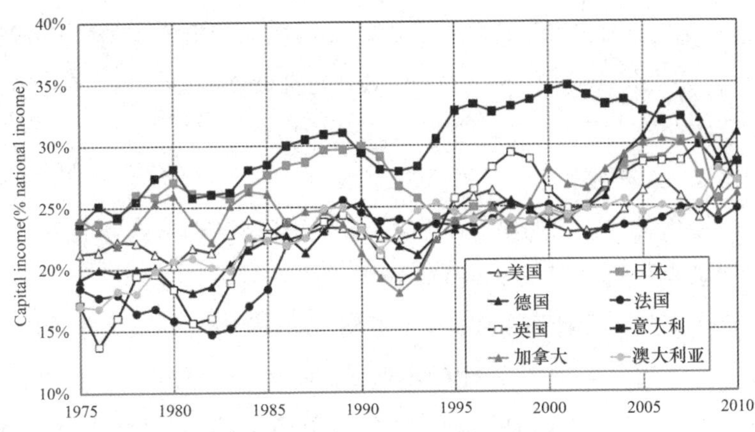

图 6—12 发达国家资本收入占国民收入的比重

资料来源：［法］托马斯·皮凯蒂著：《21 世纪资本论》中图表 6.5。

现有数据表明，1970—2010 年，在多数发达国家资本收入占国民收入的比重出现上涨，与资本/收入比上涨相似，间接证明了资本收益率弹性大于 1。如果资本/收入比是 7—8 年的国民收入，资本收益率是 4%—5%，那么资本收入占全球收入的比重会达到 30%—40%，甚至可能更高。

（三）在经济增长持续走低的情况下，资本收益率大于经济增长率

资本收益率大于经济增长率，即 $r > g$（r 代表资本收益率，g 代表经济增长率）。一方面，资本收益率 r 取决于很多技术、心理、社会和文化的因素，它们共同决定了 4%—5% 的收益率；另一方面，经济增长率 g 结构性地偏低，当一国人口结构转换完成，且达到世界技术前沿水平，创新相当缓慢，g 的数值通常不高于 1%。①

经济低增长的态势，会导致资本一旦形成，其收益率将高于经济增长率，两者之差导致初始资本之间的差距会一直延续下去，财富积累机

① ［法］托马斯·皮凯蒂著，巴曙松、陈剑、余江、周大昕、李清彬、汤铎铎译：《21 世纪资本论》，北京：中信出版社，2016 年版，第 370 页。

制将导向高度集中的分布。2010 年以来，在大多数欧洲国家，特别是法国、德国、英国和意大利，最富裕的 10% 人群占有国民财富的约 60%，而最贫穷的 50% 人群占有的国民财富一律低于 10%，一般不超过 5%。最上层 10% 人群内部的财富分配也极不平等，最上层 1% 人群的财富比重约 25%，其余 9% 的人占比约 35%。①

（四）全球财富分配不平等的趋势

必须意识到，初始财富规模不同，会有不同的资本收益率。规律性的现象是初始财富规模越大，资本收益率越高。全球范围内最高阶层的资产在过去几十年的增速（年均 6%—7%）远远高于社会总财富的平均增速，使得全球财富分布更加不平等。自 2010 年以来全球财富不平等表现为：最富的 0. 1% 人群大约拥有全球财富总额的 20%，最富的 1% 人群拥有全球财富总额约 50%，最富的 10% 人群拥有总额的 80%—90%。而在全球财富分布图上处于下面的一半人口所拥有的财富额占全球财富总额的 5% 以下。具体而言，全球最富的 0. 1% 人群（即全球 45 亿成年人口中的 450 万人）所拥有的平均财富大约是 1000 万欧元，约为全球人均财富 6 万欧元的 200 倍，这些人拥有的全部财富相当于全球财富总额的 20%。而最富有的 1% 人群（即 4500 万人）所拥有的平均财富是 300 万欧元，是全球人均财富的 50 倍，这些人拥有全球财富总额的 50%。②

二、劳动收入不平等

除资本收入不平等外，导致社会两极分化的另一因素是劳动收入不平等，产生劳动收入不平等的原因是高收入者的收入远远超过其他人。③ 根据 1910—2010 年美国收入分配的数据，收入前 10% 的人群在

① 同上书，第 261 页。

② ［法］托马斯·皮凯蒂著，巴曙松、陈剑、余江、周大昕、李清彬、汤铎铎译：《21 世纪资本论》，北京：中信出版社，2016 年版，第 451 页。

③ 劳动收入包括工资、薪金、奖金、工资以外劳动所得，以及其他法定划分为与劳动有关的报酬。

20世纪前10年到20年代拥有45%—50%的国民收入，在20世纪40年代结束前该比例降到了30%—35%。随后的1950—1970年，不平等程度一直稳定在该水平。到了20世纪80年代，不平等迅速增加，直到2000年美国的高收入阶层水平占国民收入的45%—50%。这在很大程度上反映了高级劳动收入的空前激增。

金融行业从业者在超高收入群体中的占比很高，前0.1%人群里大约占20%，而金融行业的产值占国内生产总值的比重不足10%。根据《福布斯》数据，在2007年，美国400富豪榜的主要财富来源于金融，其比例为27.3%，而金融和地产合起来达到34%。这400人的财富几乎等于美国社会最底层50%人群（大约1.5亿人口）的财富总量（1.6万亿美元）。[①]

第五节 “资本超限积累”影响国家安全

资本积累是扩大再生产的资本主义形式，是促使资本主义经济发展与演变的最基本力量。在现实中，资本积累是由众多企业与个人生产活动所推动的运行于微观层面上的经济规律。同样，“资本超限积累”，即突破阻碍资本积累的矛盾或限制以形成更高层次的积累，也是通过微观层次来实现的。[②] 从前面几节论述中可以看到，追求“资本超限积累”可能造成各种现实或潜在危机，这些危机普遍存在于中观层面，若未能对危机进行有效控制，危机将发展蔓延并推高安全风险的等级，当达到一定程度与规模时就可能影响宏观层面的安全，即国家安全。

---

① 张茉楠：《美国金融资本主义危机拉响警报》，《中国财经报》，2011年10月18日。

② 这其中并不排除国家力量对“资本超限积累”的支持与帮助，但是具体的操作与实施是通过企业与个人的生产活动。

一、国家安全的内涵

国家安全问题是国家生存和发展的首要问题，无论是中国古代的先贤，还是西方理论学者，很早就开始了对于国家安全的思考。例如，中国古代文献《左传》中的“居安思危，思则有备，有备无患”，《周易》中“安而不忘危，存而不忘亡，治而不忘乱”，先秦兵书《司马法》中“天下虽安，忘战必危”，都体现出中国先贤们的忧患意识。英国哲学家托马斯·霍布斯在《利维坦》中描述了一种把“所有人反对所有人的战争”状态默认为国家存在的自然状态，他指出只要国家感到不安全，它就会以“一种角斗士的姿势，眼睛彼此盯着，把武器指向对方”。然而，直到1943年才由美国政治专栏作家沃尔特·李普曼在其著作《美国外交政策：共和国之盾》中正式提出“国家安全”（national security）一词。

随着时代变迁，国家安全的内涵不断丰富。自国家出现以来，国家安全长期是以确保领土完整、主权不受侵犯为主要目标的传统安全观，直到冷战结束后，两极格局解体，国际形势发生深刻变化，大规模的国际冲突得到一定程度的缓解，安全客体出现多样化的趋势，国家安全内涵也随之拓展。罗伯特·基欧汉和约瑟夫·奈在其合著的《权力与相互依赖》中指出，军事安全不再始终居于议事日程的首位，军事安全、意识形态、领土争端与能源、资源、环境、人口、空间和海洋利用等问题，在某种意义上处于同等重要的地位。①

与国外类似，我国对于“国家安全”的认识也随着时代发展不断地改变。改革开放之前，受美苏冷战的时代背景影响，我国长期面临较为严峻的外部军事威胁，在这种情况下，毛泽东同志将保卫新生的社会主义政权、确保国家独立、维护国家主权和领土完整作为国家安全工作的首要任务。20世纪80年代中后期，随着国际形势发生深刻变化，和

① ［美］罗伯特·基欧汉，［美］约瑟夫·奈著，门洪华译：《权力与相互依赖》，北京：北京大学出版社，2002年版，第7页。

平与发展成为时代潮流，国家安全方针也进行了调整。邓小平同志认为，国家安全不仅是军事和政治安全问题，也包括经济、科技等安全问题。21 世纪初，面对国家安全形势新特点新目标新任务，2014 年 4 月 15 日，习近平同志在中央国家安全委员会第一次会议上首次正式提出“总体国家安全观”。总体国家安全观所涵盖的领域，既包括政治安全、国土安全、军事安全等传统安全领域，也包括经济安全、文化安全、社会安全、科技安全、网络安全、生态安全、资源安全、核安全和海外利益安全等非传统安全领域。

综合国际与国内对于国家安全的认识，总体而言，全球化时代下国家安全内涵不断丰富，外延充分扩展，涵盖了传统安全与非传统安全，包括政治安全、军事安全、经济安全、文化安全、科技安全、社会安全等诸多方面，构成综合的安全系统。国家安全是一个不可分割的安全体系，每一领域的安全虽各有侧重，但绝不是完全独立，互不相干，它们都必然与其他领域的安全相互联系、相互影响、相互制约、相互补充。例如，国家的政治安全同国土安全密切相关，领土若被分裂，则政权无所依，国家就无政治安全可言。再如，要实现经济安全，不但需要以政治安全、军事安全和社会安全为前提，而且需要以科技安全、网络安全和资源安全为支撑。因此，国家安全是辩证、全面、系统的一个整体。

二、“资本超限积累”影响国家安全

寻求“资本超限积累”的过程中会触发各领域的矛盾，严重时会发展成为经济危机、政治危机、社会危机、环境危机等各种现实或潜在危机。若危机持续发酵与蔓延，推高安全风险的等级，当达到一定程度与规模时就可能会威胁整体国家安全（见图 6—13）。值得注意的是，一种危机可能威胁多个领域的安全（如军事危机会威胁军事安全、领土安全、政权安全），同时各种危机之间会相互影响、相互转化从而影响多个领域的安全（如社会危机可能转化为政治危机，政治危机可能转化为军事危机等），不能够简单地、割裂地看待。国家安全是综合的、多层次的、整体的安全体系，一种或几种现实危机的爆发或潜在危机的积累酝酿，可能就会影响某一领域、几种领域或整体国家安全，这即是“资本超限积累”影响国家安全的作用机制。

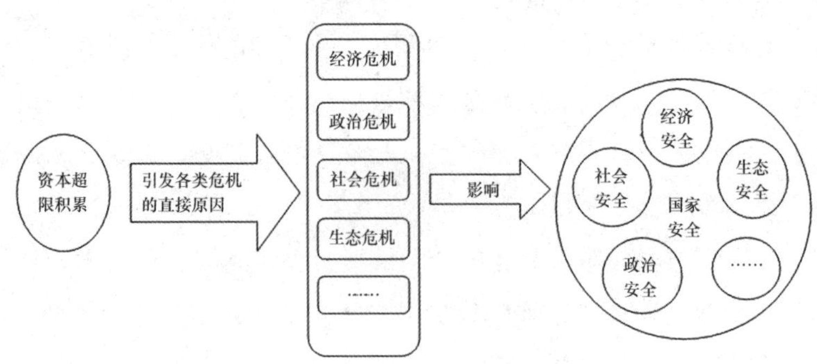

图 6—13　“资本超限积累”与国家安全

若将研究视角聚焦到某一国家，首先某国国家安全受到“资本超限积累”的影响，可能是由本国国内的“资本超限积累”所导致，例如国内寻求“资本超限积累”可能引起极度严重的贫富分化，影响社会稳定与社会安全，或者寻求“资本超限积累”导致债务、金融、经济危机，从而威胁经济安全。其次，某国国家安全也可能受他国寻求“资本超限积累”的影响，例如他国为寻求“资本超限积累”而采取新帝国主义手段，发动局部战争，威胁到本国军事安全、领土安全、政权安全等，或者他国因“资本超限积累”而爆发经济危机，非常可能转嫁危机或引爆本国连锁经济危机等。因此，“资本超限积累”影响某国国家安全，既可能来自于国内，也可能来自于国外。下面将通过具体的案例进行说明。

（一）“资本超限积累”威胁经济安全

经济安全是指一国保持其经济体系独立稳定运行、经济发展所需资源有效供给、整体经济福利不受恶意侵害和非可抗力损害的状态和能力，是指一国国民经济发展和经济实力处于不受根本威胁的状态。经济安全的内涵主要包括金融安全、资源安全（如石油、粮食和人才）、产业安全、财政安全、信息安全等。[①] 资本逻辑必然向政治领域渗透，资本权力扩张意图操控国家政策的实施，将会导致政策的推行向着更有利于资本积累，而非有利于整体国家经济健康稳定运行，从而影响国家经济安全。例如，华尔街财团对于美国政治领域的操控，使得政策的出台总是有利于相关利益集团，华尔街财团赚得盆满钵溢，但次贷危机、金融风险、产业空心、贫富悬殊却直接威胁了美国经济安全。此外，美西方大国在全球推行新自由主义，践行新帝国主义政策，导致世界其他国家经济金融化、产业空心化，并不时遭到劫掠，一国政府对本国经济的控制力明显减弱，抵御经济风险的能力受到挑战。由追求“资本超限积累”而引爆的数次经济危机即是“资本超限积累”威胁经济安全的最好例证，这一点在本章第三节中已经详细说明，不再赘述。

（二）“资本超限积累”威胁政治安全

1991 年阿根廷进行新自由主义改革，具体措施包括将比索与美元的汇兑率固定为 1∶1、资本自由流动、禁止用增加货币供给的方法为公共赤字融资以及国营企业私有化。该方案的实施使阿根廷在 20 世纪 90 年代初期取得了较快的发展，通货膨胀率大幅下降，1991 年和 1992 年的增长率分别高达 10.6% 和 9.6%。但是，从 20 世纪 90 年代中期开始，阿根廷财政状况持续恶化、经常账户连年赤字、外债高筑、高利率、高失业、生产滑坡，加上外界环境的冲击，使得阿根廷经济每况愈下。市场跌落的预期促使人们抛售比索抢购美元，急剧的挤兑风潮使银行系统濒临崩溃。为了防止挤兑，挽救银行系统，阿根廷政府从 2001 年 12 月起限制居民提款，并同时加强对资金流动的监控。但是这些极端的措施引发了持续数月的抗议和示威，以及哄抢商店的骚乱，导致 20 多人丧生以及政府的更迭。2002 年 1 月 6 日，阿根廷议会通过经济改革法案，放弃了实行 11 年的货币局汇率制度。[②] 伴随着货币局汇率制度的瓦解，阿根廷陷入了全面的经济、政治和社会危机，在一年时间里，不断出现总统和内阁

---

① https：//baike. baidu. com/item/国家经济安全/6783226？fr = aladdin.（上网时间：2020 年 3 月 22 日）

② 盛宏清：《阿根廷经济危机的深层原因与启示》，《当代世界》，2002 年第 6 期，第 29 页。

辞职、社会骚乱、民众抗议等，严重威胁政治安全。[①]

（三）“资本超限积累”威胁军事安全

追求“资本超限积累”可能使国家间的矛盾空前激化，推升爆发战争的可能。面对着经济危机的沉重打击和政治危机日益加深，为了维护垄断资本的统治，各国垄断资产阶级加强了对国家的直接控制，企图通过战争来转嫁风险、摆脱危机，转移对国内政治危机的注意力，并掠夺他国财富。第一次世界大战就是在1913—1914年已经出现危机迹象时爆发的，第二次世界大战同样是在1929—1933年危机和1937年危机的直接影响下发生的。

冷战后，美国竭力推行新帝国主义对其他国家或地区进行掠夺，其先后发动或参与了海湾战争、科索沃战争、阿富汗战争、伊拉克战争、利比亚战争、叙利亚战争，以及实施了“颜色革命”、网络攻击、金融制裁等非军事强制力量，在目标国家原政权被推翻后，美西方国家会扶植亲美领导者上台，这些国家的政策全然听命于美西方国家的安排，从此沦为西方经济与政治的附庸。美帝国的根本目的是对其他国家或地区进行掠夺，为美国进行“资本超限积累”创造条件，这些做法均对目标国家的军事安全、领土安全、政治安全、政权安全以及整体国家安全构成巨大的威胁。

（四）“资本超限积累”威胁社会安全

自2008年由美国次贷危机引爆国际金融大危机以来，美国经济萧条、复苏乏力、企业倒闭、工人失业、贫富差距扩大以及政府所谓“救市”政策的失败等，美国底层民众对社会愈发不满。2010年9月17日，美国纽约爆发了大规模社会抗议活动——“占领华尔街”运动，随着其影响范围的扩大，841个城市相继爆发了类似的活动。无独有偶，一些发达资本主义国家也爆发了“占领伦敦”“占领巴黎”“占领布鲁塞尔”等类似的大规模民众抗议活动。[②] 这些社会抗议活动，充分

---

① 江时学：《阿根廷危机的来龙去脉》，《国际经济评论》，2002年第1期，第36页。

② 张红：《美国“占领华尔街”活动暴露了美国社会的根本问题》，《现代商业》，2011年第36期，第285页。

暴露了西方资本主义国家深层次的社会矛盾。

（五）“资本超限积累”威胁生态安全

工业革命以来，各种产业迅猛发展，造成了资源大量消耗和对环境的破坏，全球面临资源枯竭与生态环境恶化的窘境，逐渐逼近生态底线。生态环境已经向人类发出强烈信号，土地退化、生物多样性减少、气候变暖、大气污染、森林锐减、水体污染、固体废物污染等生态现状已经引起人类的高度关注，此处无须赘言。

下面的例子说明了生态问题不仅威胁生态安全，而且演变成政治问题。印尼跨境烟霾问题造成了域内国家紧张的外交关系。从 20 世纪 80 年代开始，印尼种植园经济发展迅速，当地农民和种植园的“烧芭”活动导致了周期性森林火灾，造成严重的跨境烟霾污染。1997 年印尼烟霾污染跨越国境，给马来西亚、新加坡、文莱、泰国、缅甸、菲律宾等东南亚国家带来了空气污染，造成了经济损失，直接影响了上述国家同印尼的外交关系。[①] 其中，马来西亚受到的影响最为严重，马来西亚的沙捞越州政府随即宣告进入“紧急状态”，在未经印尼政府的许可下自行派遣消防员进入苏门答腊灭火，引发印尼不满。新加坡表示希望印尼政府高度关注非法垦荒行为，惩治造成森林大火的责任者。泰国媒体批评印尼政府不负责任，言称将采取“法律行动”。缅甸则警告印尼政府，将向其进行索赔。面对国际社会的指责，印尼政府也不得不向受烟霾影响的邻国致以诚挚的道歉。

第六节　节制与驾驭资本

前面章节中已经对“资本超限积累”的相关问题做出论述，概括起来，即资本内在地包含着突破自身一切限制的动力，不断地改变内外

① 江振鹏、李天宇：《跨境污染与地方治理困境：以印尼政府烟霾应对为例》，《南洋问题研究》，2017 年第 2 期，第 71 页。

部条件以追求超限积累，这种改变或突破使得现代经济与社会生活中各类资源与要素不断卷入资本化的进程，资本成为垄断全球资源的强大力量，但同时也带来经济、政治、社会、环境等领域的安全风险。资本本身不是罪恶的东西，马克思所批判的是资本主义制度下资本家攫取剩余劳动的残忍过程；资本也不是资本主义社会特有的东西，它被任何进行现代化大生产的社会所需要。就我国而言，改革开放四十年来，我国充分利用资本力量发展社会主义市场经济，其间，经济社会快速发展，人民生活水平不断提高，创造了中国奇迹，取得举世瞩目的成就。但同时，我们绝不可忽视资本逻辑所带来的负面影响，国内外各类资本力量竞相角逐，在为中国现代化建设添砖加瓦（即带来巨大发展利益）的同时，也带来了安全风险。

从国内来看，在充分利用资本发展经济，全面深化社会主义市场经济改革的同时，由于资本逻辑的作用，使我国面临着以下安全风险：第一，私有资本操控、绑架整个社会的风险。随着社会主义市场经济深化发展，我国隐约出现对资本过度应用和崇拜的倾向，片面夸大资本的作用，过度应用、服从于资本逻辑。在政治领域，通过与“关系本位”[①]文化结合，资本力量以某种人情关系作为行为双方的纽带与信用基础，通过关系的层层扩展与叠加，在资本力量的驱使下，关系网的触角渗透到国家权力体系和法制体系内部，将会扭曲国家的政策法规，屏蔽中央政府的政令，产生巨大的网络状腐败。[②] 在经济领域，中国国民资本的结构发生了重大变化，在1978年，约70%的国民资本是公有资本，30%是私有资本。到了2015年，这一比例发生了逆转，30%的国民资本是公有资本，70%是私有资本。[③] 如果私人掌握的资本力量成为支配全社会物质生活的主导性社会力量；或者掌握着资本力量的阶级无偿地

① 关系本位，是把人们之间的各种特殊关系，特别是血缘关系以及由它延伸的“义缘关系”（如义子、义弟）视为最高价值，把“忠孝节义”伦理法则等作为行为的最高准则。

② 鲁品越：《资本逻辑与当代现实——经济发展观的哲学沉思》，上海：上海财经大学出版社，2006年版，第356页。

③ Thomas Piketty, Li Yang, and Gabriel Zucman. “Capital accumulation, Private property and rising inequality in china, 1978 – 2015”, National Bureau of Economic Research Working Paper No. 23368, April 2017, p. 21.

占有了劳动者所生产的全部剩余价值，工人阶级成为被资本用作生产剩余价值的工具；或者本来用来扩大社会再生产、发展社会生产力的资本，成为实现资本家集团利益的工具，这样的社会已经不符合社会主义的定义。[①] 在文化领域，文化被世俗化的市场法则支配，依据市场规则进行流通及分配，资本取代知识分子掌握了文化市场的控制权，大众的消费文化取代知识分子的精英文化占据了公共舞台。从个人发展来看，个人主义、利己主义、享乐主义蔓延，商品拜物教、货币拜物教抬头，人们的文化思想越发向“钱”靠拢，追求个体享受、金钱崇拜、消费体验，抛弃精神信仰、真理追求、道德使命。

第二，资本积累不断增多与经济增长率放缓等因素叠加，造成财富的集中，从而产生贫富分化的风险。从收入状况来看，据托马斯·皮凯蒂估计，20 世纪 80 年代，中国前 1% 人群收入占国民收入不到 5%，到 2015 年前 1% 人群的收入占国民收入的比重为 13.9%。最富有的 10% 人群收入占国民收入的比例从 1978 年的 27% 上升到 2015 年的 41%，而最贫穷的 50% 人口收入占国民收入的比例从 27% 下降到 15%。2015 年，中国成年人平均财富达到 28.2 万元，约为人均收入的 5 倍，也即私人财富占国民收入的比例约为 500%。财富的集中度明显高于收入，财富最高的 10% 的人拥有 67% 的国民财富，而收入最高的 10% 人拥有 41% 的国民收入。最富裕的 0.001%（即 10653 名成年人）净财富占总财富的 5.8%，仅略低于拥有最少财富的 50% 人（5.31 亿成年人）所占总财富份额（6.4%）。[②]

第三，面临“脱实向虚”倾向，出现经济金融化、虚拟化、空心化的风险。一是虚拟经济占 GDP 比重上升，实体经济占 GDP 比重下降。据国家统计局资料，我国虚拟经济（包括金融业和房地产业[③]）占

① 鲁品越：《社会主义对资本力量：驾驭与导控》，重庆：重庆出版社，2008 年版，第 50 页。

② Thomas Piketty, Li Yang, and Gabriel Zucman. “Capital accumulation, Private property and rising inequality in china, 1978－2015”, National Bureau of Economic Research Working Paper No. 23368, April 2017, p. 32.

③ 由于房产市场交易活跃，投机行为普遍存在，房地产业虚拟化现象较为严重，从而将与房地产交易相关的经济活动纳入虚拟经济，不包含建筑业。

GDP的比重从2005年的10.8%增长到2015年的15.9%，2018年稍有回落到14.3%，工业产值占GDP的比重从2005年的41.6%下降至2018年的33.8%。并且金融资产总规模呈现快速增长，据统计，至2015年底我国金融业资产总额达218万亿元，较2007年提高了4倍，年均增长率达16.9%[①]，而2015年GDP增长率为仅6.5%。二是从资金流向上看，更多的资金流向了虚拟经济行业，而非实体经济。2016年我国金融机构新增贷款12.6万亿，其中房地产新增贷款4.59万亿，约占新增贷款总额的36.5%。而实体经济固定资产投资占全社会固定资产投资的比重呈现缓慢下降的变化，2009年到2016年下降了4个百分点。[②]

从国外来看，我国经济也面临着由于国际资本追求超限积累而产生的一系列风险。第一，金融风险。随着我国金融开放不断深化，外资大规模进入我国金融领域，已经涵盖银行、保险、证券、基金和信托等所有金融服务领域，外资迅速圈占国内金融资源，对我国金融主权、金融宏观调控、金融资源掌控造成一定威胁。此外，还面临着金融市场变化导致我国金融风险增大，汇率波动加剧，游资大规模流动影响我国金融体系稳定，被其他国家转嫁危机的风险等等。第二，贸易风险。随着中国经济、政治、军事等实力快速增长，特别是“一带一路”倡议与人类命运共同体理念的提出与实施，世界霸主美国愈来愈感受到中国崛起的强劲势头，视中国为潜在威胁。为了维护世界霸主地位，美国在各领域采取行动打压、遏制中国崛起。2017年8月18日美国声明对中国展开“301调查”；2018年6月15日，以美中货物贸易长期巨额逆差、知识产权保护不力和中国不遵守WTO承诺为由，正式宣布对从中国进口的价值约500亿美元商品加征25%的关税，发动了中美经济史上规模最大的贸易战。美国在贸易领域屡屡挑衅，对我国经济安全构成威胁。一是高新技术产业发展受到影响。一方面，美国长期限制高新技术对中国

---

① 张厚明：“中国制造业‘脱实向虚’的成因与对策”，《银行家》2018年第8期，第47页。

② 舒展、程建华：“我国实体经济‘脱实向虚’现象解析及应对策略”，《贵州社会科学》2017年第8期，第104页。

的出口，2007年美国商务部发布《对华出口管制清单》，规定20个大类的美国高科技产品不得向中国出口；另一方面，美国通过各种正式的或非正式的贸易和投资规定，阻碍中国在该领域的转型与发展，此次掀起的贸易战（主要针对中国高新技术产品加税）就是很好的例证。二是对外贸易安全面临威胁。美国政府积极推行“美国优先”原则，将美国意志凌驾于WTO规则之上，建立服务于美国利益的贸易模式。2018年6月20日召开的G7首脑会议，特朗普提出7国实现零关税、零壁垒、领补贴的一体化计划，极力劝说其他发达国家与美国利益捆绑，将现存世界贸易组织体系边缘化。从此次贸易战也可以看到，目前WTO的贸易争端解决机制愈显无力，WTO在全球贸易中的影响力日趋减弱，中国对外贸易安全面临威胁。

社会主义国家利用资本为社会发展服务，让资本成为发展生产力、增强社会主义国家综合国力、提高人民生活水平的重要力量。但是，如果社会主义国家无法引导并驾驭私人资本力量，私人资本成为全社会主宰的时候，人民利益就会被侵蚀，社会主义制度将名不副实。因此只有运用强大的代表全社会共同利益的社会主义力量来引导、利用、驾驭、制约私人资本力量及其运行方式，使之成为实现两个百年目标的工具，从而保持和发展具有中国特色的社会主义市场经济。

一、节制与驾驭资本

首先，要节制资本对于政治领域的渗透，“用政治力量、社会力量来节制不断扩张与日益嚣张的资本，节制资本与权力联姻，使权力、民力与钱力处于相对平衡状态。”[①] 让政治权力始终掌握在人民手中，保证政治力量、社会力量有效制约资本力量，所有政治决策都应是有利于国家发展、有利于人民幸福的，而不只是有利于资本积累。要持续保持反腐败斗争高压态势，将权力关进制度的笼子，构建风清气正的政治生

① 江涌：“‘资本天堂’应该终结”，《世界知识》，2011年第6期，第50页。

态环境。

其次，中国特色社会主义必须坚持以公有制为主体，国有经济为主导，用强有力的公有制力量来驾驭资本。坚持公有制主体地位，是保证人民共享发展成果、实现共同富裕的制度保障；是巩固党的执政地位、坚持我国社会主义制度的必然要求。如果否定公有制的主体地位，很可能会落入“新自由主义”思潮的圈套，重蹈拉美、俄罗斯等国的覆辙，给国家经济和人民生产生活带来灾难性的后果。[①]

公有制为主体地位，主要包括两个方面：一是公有制经济必须在量上占优势。周新城认为，社会总资产可以分为经营性资产、资源型资产、公益性资产等。公有资产在社会总资产中占优势，指的是公有制企业的经营性资产要在全社会经营性总资产中占优势，因为只有经营性资产才能形成生产资料与劳动者之间的经济关系。[②] 二是公有制经济必须有控制力[③]。其中，国有经济要在国民经济发展中处于支配地位并能有效对其他经济成分施加影响力、主导力和带动力，要能够保证经济运行朝向预定的目标发展。若国有经济控制力强，就能对经济发展起主导作用，掌控国民经济的发展方向。具体来讲，一方面，涉及国民经济命脉的重要产业与关键领域，国有经济必须占有一定的支配地位，成为壮大综合国力、促进经济社会发展、保障和改善民生的重要力量。2006 年 12 月 18 日国务院国有资产监督管理委员会下发了《关于推进国有资本调整和国有企业重组的指导意见》，文件指出国有经济应对包括军工、电网电力、石油石化、电信、煤炭、民航、航运等重要行业和关键领域保持绝对控制力。[④] 另一方面，国有经济发挥主导作用，前提是要把国有经济做大、做强、做优。程恩富指出，国有经济具有六个方面的功

① 刘越：“我国公有制经济占主体地位之‘质’的分析”，《马克思主义研究》，2012 年第 8 期，第 75 页。

② 周新城：“关于公有制为主体问题的思考”，《当代经济研究》，2017 年第 6 期，第 24 页。

③ 公有制经济包括国有经济、集体经济、混合所有制经济中的国有成分和集体成分。国有经济是指社会全体劳动者共同占有生产资料（以国家所有的形式存在）的公有制形式。

④ 鲁品越：《社会主义对资本力量：驾驭与导控》，重庆：重庆出版社，2008 年版，第 78 页。

能：基础服务、支柱构筑、流通调节、技术示范、社会创利和产权导向。[①] 要推进国有经济布局的战略性调整，注重提高国有经济的经济效率、管理效率、科技效率，继续深化国有企业改革。只有拥有强大的经济实力，才能更好地发挥国有经济的主导作用。

第三，发挥社会主义制度优势，用计划手段弥补与矫正市场经济的缺陷，积极发挥“看得见的手”调控市场，着力避免资本逻辑所导致的经济危机、政治危机、社会危机与生态危机等等。鉴于市场经济存在自发性、盲目性、投机性、短期性、滞后性、垄断性等缺陷，我国应充分发挥社会主义基本制度的优势，必须对公共产品生产、大规模基础设施建设、国民经济发展趋势等实行科学规划，有效运用宏观政策、产业政策、微观政策、改革政策、社会政策等手段保持宏观经济总量平衡和结构平衡，实现个人利益与社会利益、局部利益与整体利益、当前利益与长期利益的有机统一，有力克服市场经济的弱点，保证国民经济健康稳定运行。[②]

二、注重公平分配

我国两极分化的趋势不仅关系到全国人民的福祉，也关系到宏观经济治理以及社会和谐与稳定，必须加以重视。

（一）初次分配实现公平与效率的统一

不同于以往“初次分配注重效率，二次分配注重公平”的看法，已经有越来越多的学者指出初次分配也要实现公平与效率的统一。林毅夫认为，在一次分配中达到公平和效率的统一，而把二次分配作为补充手段，解决初次分配可能会遗留的一点问题。林毅夫指出，必须进行深化改革，以确保初次分配中公平与效率的统一。一是改善金融结构。中国的金融结构是改革开放之后为服务于大型国有企业而构建的，没有能

① 程恩富：“资本主义和社会主义怎样利用股份制”，《经济学动态》，2004 年第 10 期，第 50 页。

② 何自力：“制度优势为中国经济保驾护航”，《环球时报》，2019 年 9 月 29 日第 7 版。

够满足中小企业和农户资金需求的金融机构，因此需要改善金融结构服务于中小企业。二是提高资源税（费）。在20世纪90年代初，为保护和补贴国有矿产企业，资源税（费）加在一起只占资源价格的1.8%，而且是从量计征，使得矿产企业拥有巨大的利润。相比国外，美国的地面石油税费占其价格的12%，海上石油是16%，中国的资源税（费）明显过低。另外，从量计征要改为从价计征，当价格上涨到一定程度后要加征暴利税。三是严格控制行政垄断，对无法引入竞争的垄断行业加强监管。对电力、能源等不适宜引入竞争的垄断行业要加强对其成本、价格和收益分配的监管。①

（二）再分配注重公平

我国再分配手段主要有转移支付、税收调节和社会保障。在目前政府的财政支出结构中，用于行政管理与经济建设的支出要高于民生工程与社会保障，不能达到转移支付的预期目标；税收调节也会由于税收项目设计的不合理与实践中的问题，没有达到应有的调节分配的目的；社会保障机制的作用也仅仅是改善了部分低收入人群的生活，对缩小收入差距并不能起到明显的作用。

托马斯·皮凯蒂以长期视角研究全世界财富不平等的发展过程，得出结论：长期而言，资本收益率明显超过经济增长率，致使初始资本之间的差距一直保持，从而造成资本的高度集中。他认为，必须建立一整套公共机制，其中包括对收入和资产实行累进税制。累进税制能够限制过高收入和资产的过度集中，缩小贫富差距；能够使个人收入和资产公开化、透明化，并有利于根据现实情况采取相应政策；能够以公平的方式为公共服务、社会保障筹资。中国在20世纪80年代初开始实行了累进税制，托马斯·皮凯蒂认为，鉴于中国社会中的资产越来越庞大，特别是目前中国出现的人口负增长，在未来数十年里中国人的遗产继承会越来越多，在这种条件下，可对遗产继承和捐献实行累进税，并对资产征收年度累进税。同样，也可以考虑对房地产及金融资产征税。

---

① 林毅夫：《解读中国经济》，北京：北京大学出版社，2014年版，第238页。

三、节制金融资本，维护金融稳定，发展实体经济

习近平总书记指出，金融安全是国家安全的重要组成部分，是经济平稳健康发展的重要基础。维护金融安全，是关系中国经济社会发展全局的一件带有战略性根本性的大事。在对外开放水平不断提高的今天，我国要充分发挥中国特色社会主义制度的政治优势和经济优势，建立相关政策措施，加强对金融资本的节制和驾驭，不能放任其肆意膨胀扩张。要积极主动、合理审慎的利用好外资，而非被其利用；识破新自由主义泛滥的原因，加强金融市场监管与调控，确保有序运行；对金融自由化特别是资本账户自由化要采取慎之又慎的态度，防范国内外“热钱”对市场的冲击，筑牢防线、化解风险；加强政府廉政建设，防止金融资本渗透并控制政府决策，保证公权力的独立，维护人民权益。

（一）走自己的路，建设有中国特色的社会主义金融

20 世纪 70 – 90 年代，美国竭力宣扬“华盛顿共识”，引导拉美国家进行“新自由主义”改革，鼓动俄罗斯实施“休克疗法”，均造成严重的经济衰退和社会动荡。事实上，“华盛顿共识”正是金融资本主义泛滥全球、酿成多次全球和地区性金融危机的政策根源。“华盛顿共识”不仅没有给发展中国家带来预期的稳定增长，反而酿成经济停滞、失业增加、通胀加剧、贫富分化等多重灾难。

毫无条件的私有化、资本完全自由流动、自由浮动汇率体系，要求发展中国家全面开放资本市场等系列政策主张，绝对不是西方国家自身经济发展历史的正确总结，也绝对不是西方经济学各流派一致的或毫无争议的学术观点，相反，一次次的金融危机证明这些政策是站不住脚的，是经不起实践检验的。“华盛顿共识”只不过是美国为了实现金融资本利益最大化，将世界各国经济金融政策主导权牢牢把握在自己手中，而强迫发展中国家改造经济体系的过程。

近年来，随着对“华盛顿共识”的反思，各国正在积极寻求更具自主性及适合本国的发展模式。当年迫于美国政府和国际货币基金组织

的压力而接受“华盛顿共识”的几个亚洲国家也弃之如敝履。新自由主义的意识形态权威正在坍塌，美国确立的全球性制度迷信正在消失。中国经历了四十多年改革开放，已经成功跃升为全球第二大经济体，对世界经济增长贡献率超过30%。巨大成就得益于坚持道路自信、理论自信、制度自信、文化自信，既不走封闭僵化的老路，也不走改旗易帜的邪路，探索出了一条适合中国国情的独具特色的中国道路。中国道路是党和人民历尽千辛万苦、付出巨大代价并通过实践检验而最终确定的。发展金融业需要学习借鉴外国有益经验，但不能照抄照搬，必须立足国情，从实际出发，准确把握我国金融发展特点和规律，建设有中国特色的社会主义金融。

（二）谨慎对待资本项目开放

资本项目开放并非一国的必选项。在布雷顿森林体系下，所有国家都实行资本账户管制。“双挂钩”制度要求美国以外的其他国家的货币发行以美元为储备，在这种状况下，一个国家如果允许资本输出，可以发行的货币就会减少，就会有通货紧缩的压力，经济增长速度会下降，失业率会上升。在布雷顿森林体系崩溃之后，美国货币发行不再与黄金挂钩，美联储可以增发货币以维持经济稳定，避免通货紧缩。这种情况下，美国华尔街积极推动他国资本账户开放，因为投资银行家可以大肆到国际上套利。华尔街的金融家对学界和政界都有巨大的影响，他们借用美国国家力量向其他国家施压开放资本账户。据统计，在金融危机爆发前的2007年，华尔街金融机构所赚利润是整个美国经济总利润的40%。

资本项目开放和金融自由化改革需要较高的国际竞争力和金融监管水平与之相匹配，过快的金融自由化和滞后的金融监管会使政府丧失对金融体系的影响力与控制力，无法对转型期的金融改革和宏观经济稳定保持必要的掌控能力。英、美等发达国家以股票市场、风险投资、直接融资为主的金融结构并不完全适合全世界，欧洲大陆、日本就不以英美金融发展模式为范本。发展中国家若完全开放资本项目，允许资本自由流动，大量资金流入、流出会给经济造成过度波动，发生危机的可能性会相当高。林毅夫指出，只要发展中国家的经济发展战略正确，即便资本账户不开放，本国的资本积累也足以支撑技术创新、产业升级和基础设施投资上的需要。“实际上，自第二次世界大战以来，那些发展最好的、真正缩小了跟发达国家差距的，从低收入变成中等收入、高收入的少数几个经济体，在变成高收入之前，资本账户都没开放。”① 托马斯·皮凯蒂也持有类似观点，他通过研究各国历史数据指出，资本流动性并非穷国向富国靠近的主要因素，近些年来包括日本、韩国、中国台湾地区或是中国大陆等发展水平较高的亚洲国家及地区均由本国投入了发展所需的大量物资和劳动力，并且从开放的商品和服务贸易市场中获得诸多好处，而非依赖于资本自由流动。②

西方发达国家实际上对金融开放实行双重标准，它们一方面要求别国开放金融市场，而另一方面会对外国金融机构进入、外国金融投资和交易设定诸多审批的门槛，最终根据国家利益需要（实际是本国垄断资本的需要）批准或拒绝外国金融机构的申请。曾供职于中国工商银行纽约代表处的赵江在美国实地观察之后指出，美国实行的是“金融开放式保护主义”③。多年来，美国对外国对美投资的国家安全审查十分严苛，中资企业对美高科技公司、金融机构等方面的投资在美安全审查环节很少顺利通过，充分印证了上述说法。④

（三）坚持金融为实体经济服务，保持世界制造业优势地位

实体经济直接创造物质财富，是社会生产力的集中体现，也是综合国力的物质基础。工业化是一个国家实现繁荣富强的关键，发展中国家需要工业化，需要专注于实体经济发展。金融发展的根基是实体经济，离开了实体经济，金融就会成为无源之水、无本之木。我们应坚持辩证地看待金融资本，既要看到其促进生产力、推动实体经济发展的积极作

---

① 林毅夫：《解读中国经济》，北京：北京大学出版社，2014 年版，第 339 页。

② ［法］托马斯·皮凯蒂著，巴曙松、陈剑、余江、周大昕、李清彬、汤铎铎译：《21 世纪资本论》，北京：中信出版社，2016 年版，第 71 页。

③ 赵江：“美国开放式金融保护主义政策”，《国际经济评论》，2002 年第 3 期，第 15 页。

④ 严海波：“金融开放与发展中国家的金融安全”，《现代国际关系》2018 年第 9 期，第 25 页。

用，也要看到其逐利、剥削、寄生的本性以及“脱实向虚”的倾向，这种倾向造成社会投机炒作风气日盛，产业空心化，经济泡沫化，严重时引发经济危机、社会动荡。

在金融资本主义时代，金融资本占据主导地位，越来越多的资本流入金融体系，越来越多的资源虚化为金融资产，不断加速经济金融化的结果必然压迫实体经济日趋萎缩。2008 年金融危机爆发后，美、欧、日实施量化宽松和财政赤字政策，由此释放的天量货币绝大部分进入虚拟经济，无法流到实体经济体系。到 2013 年，根据全球金融稳定局的数据，全球流动性金融资产与国内生产总值的比例已经超过 500%，美国流动性金融资产与国内生产总值的比例已经超过 11 倍。①

金融危机使人们深刻认识到实体经济才是一国经济的基石，美国、法国等发达国家纷纷提出要重新发展制造业。中国已经是世界制造业大国，但要保持世界制造业的优势地位，从制造业大国发展成为制造业强国，特别是从“中国制造”发展成为“中国创造”，还有很长的路要走。要从中小企业入手推进实体经济的转型升级，要大力加强技术改造、创新力度，加快重大科技成果转化，培育发展战略性新兴产业，形成一批具有核心竞争力和国际影响力的企业。②

我国要牢牢把握发展实体经济这一坚实基础，使虚拟经济立足于实体经济基础之上、回归于为实体经济服务的定位。2017 年 7 月 14 日至 15 日召开的全国金融工作会议强调，金融是实体经济的血脉，为实体经济服务是金融的天职，是金融的宗旨，也是防范金融风险的根本举措。习近平总书记在中共中央政治局就维护国家金融安全进行集体学习时指出，为实体经济发展创造良好金融环境，疏通金融进入实体经济的渠道，积极规范发展多层次资本市场，扩大直接融资，加强信贷政策指引，鼓励金融机构加大对先进制造业等领域的资金支持。③ 十三五规划

① 向松祚：“虚拟经济和实体经济的两极分化”，《金融博览》2017 年第 3 期，第 36 页。

② 赖风：“新自由主义与国际金融危机”，苏州大学博士学位论文，2012 年 3 月。

③ 习近平总书记在中共中央政治局 4 月 25 日就维护国家金融安全进行第四十次集体学习时的讲话，http：//www. gov. cn/xinwen/2017 – 04/26/content_ 5189103. htm（上网时间：2017 年 10 月 8 日）。

中明确强调，“加快金融体制改革，提高金融服务实体经济效率。健全商业性金融、开发性金融、政策性金融、合作性金融分工合理、相互补充的金融机构体系。构建多层次、广覆盖、有差异的银行机构体系，扩大民间资本进入银行业，发展普惠金融，着力加强对中小微企业、农村特别是贫困地区金融服务。积极培育公开透明、健康发展的资本市场，推进股票和债券发行交易制度改革，提高直接融资比重，降低杠杆率。开发符合创新需求的金融服务，推进高收益债券及股债相结合的融资方式。推进汇率和利率市场化，提高金融机构管理水平和服务质量，降低企业融资成本。规范发展互联网金融。加快建立巨灾保险制度，探索建立保险资产交易机制。”①

四、加强能力建设，引领全球治理

一段时期以来，越来越多的发展中国家通过制定独立自主的经济政策，适时抓住机遇，努力发展自己，尤其是以“金砖国家”为代表的新兴大国迅速崛起，与此同时，西方发达国家的相对优势逐渐丧失，国际影响力不断减弱。截至目前，新兴和发展中经济体以购买力平价折算的经济总规模已经超过发达国家。②

但是，以美国为首的西方发达国家仍然把持着国际政治经济秩序，主导制定国际贸易、投资以及金融体系的游戏规则，决定全球经济体系的定价权和资源财富分配权。国际格局变迁与国际秩序规则滞后所产生的矛盾与摩擦越来越激烈，延缓了国际社会对各类相关风险的处置与危机的应对，对世界和平发展与稳定增长愈发不利，因此要求改变个别利益优先和既得利益优先，实现公正公平的全球治理的呼声日趋强烈。

中国作为最大的发展中国家，世界第二大经济体，联合国常任理事国及一贯的负责任大国，要对未来国际经济秩序重建和全球经济治理方

① 《中共中央关于制定国民经济和社会发展第十三个五年规划的建议》，http://news.cnr.cn/native/gd/20151103/t20151103_520379989.shtml（上网时间：2017 年 10 月 8 日）。

② 张红力：“中国金融与全球治理”，《金融论坛》2015 年 11 期，第 5 页。

面发挥应有作用。近年来，中国推动设立了金砖银行、亚投行以及丝路基金、南南基金等多家多边金融组织，正在带动广大发展中国家积极参与国际金融规则的制定。在去全球化的逆风下，二十国集团峰会在中国杭州成功召开，为加强国际合作，推动治理变革，熨平动荡因素，促进可持续发展，提供了可操作的行动方案；人民币正式纳入 SDR，为国际货币体系的变革注入新动力；多国自由贸易区建设和“一带一路”倡议持续推进，为世界经济发展增添正能量。[①] 中国积极倡导建设人类命运共同体，努力主张共享发展和共同安全，在推动国际关系合理化、推进全球治理体系改革中发挥建设性与引领性作用。

回顾资本主义的历史，并非我们所期望的那样安定与和平，而相反是危机频发、产业空心、工人失业、经济衰退、社会动荡。我们只有认清当代资本的特征以及其扩张统治所带来的破坏性影响，才能准确把握资本的实质。就中国而言，在利用资本发展经济的同时，要特别注意节制、驾驭资本，让其活动始终保持在监管视线当中，受到政治与社会、法律与道德的多重约束。道路是曲折的，前途是光明的。中国需要加强能力建设，在驾驭资本、加强监管、服务经济发展的同时，通过参与全球治理，提供中国智慧与中国方案，为世界和平发展做出力所能及的贡献。

本章小结

我们应辩证地看待“资本超限积累”。从积极的方面来看，其最重要的作用就是使得资本不断克服限制与矛盾形成超限积累，推动经济、社会向前发展，从而维护资本主义制度。从消极的方面来看，“资本超限积累”的影响体现在，通过几种突破路径寻求超限积累的过程导致了

① 田国立：“建立全球治理新格局，寻找前行方向”，《国际金融研究》2017 年第 1 期，第 4 页。

一系列问题，产生新的、更高层次的限制与矛盾，资本主义制度的局限性暴露无遗。

这一章以当代现实为分析背景，研究了“资本超限积累”突破路径在当代的具体表现，“时间突破”具体表现为金融化、结合其他突破的“空间突破”在当代具体表现为新帝国主义、“制度突破”具体表现为新自由主义，以及经济社会发展必不可少的、贯穿其中的“技术突破”。在探讨这些具体表现时，本书结合实际案例、统计数据、学者评价，探讨了通过具体突破路径形成超限积累的同时，也造成了经济、政治、社会等各类危机，并且非常可能对整体国家安全构成威胁。从我国来看，我们绝不可忽视资本逻辑所带来的负面影响，国内外各类资本力量竞相角逐，资本无限扩张倾向显现，由此产生的各种问题给我国国家安全利益带来不同程度的威胁。在此基础上，本书提出要充分发挥社会主义制度的优越性，利用强大的代表全社会共同利益的社会主义力量来引导、利用、驾驭、制约私人资本力量，以保证我国稳定繁荣发展，彰显中国智慧与中国方案。

参考文献

一、中文著作

1. 白云先生：《世界是红的》，贵州：贵州人民出版社，2017 年版。

2. 沈斐：《资本内在否定性》，天津：天津人民出版社，2016 年版。

3. 裴小革：《政治经济学的经济危机理论》，北京：社会科学文献出版社，2016 年版。

4. 丰子义：《马克思主义社会发展理论研究》，北京：北京师范大学出版社，2017 年版。

5. 傅梦孜：《"一带一路"建设的持续性》，北京：时事出版社，2019 年版。

6. 高峰：《资本积累理论与现代资本主义》，北京：社会科学文献出版社，2014 年版。

7. 顾钰民：《马克思主义制度经济学——理论体系·比较研究·应用分析》，上海：复旦大学出版社，2005 年版。

8. 江涌：《道路之争》，北京：中国人民大学出版社，2015 年版。

9. 李逆熵：《资本的冲动》，北京：北京时代华文书局，2016 年版。

10. 骆桢：《资本权力、利润率与资本积累的结构性矛盾》，成都：四川大学出版社，2016 年版。

11. 鲁品越：《资本逻辑与当代现实——经济发展观的哲学沉思》，上海：上海财经大学出版社，2006 年版。

12. 鲁品越：《社会主义对资本力量：驾驭与导控》，重庆：重庆出版社，2008 年版。

13. 林毅夫：《解读中国经济》，北京：北京大学出版社，2014 年版。

14. 林相义：《当代法国经济理论》，香港：三联书店有限公司，1989 年版。

15. 陆忠伟：《非传统安全论》，北京：时事出版社，2003 年版。

16. 柳泽民：《资本逻辑与科学发展》，上海：人民出版社，2017 年版。

17. 刘锡良等：《中国金融国际化中的风险防范与金融安全研究》，北京：经济科学出版社，2012 年版。

18. 吕守军：《法国调节学派理论与马克思主义经济学创新》，上海：上海世纪出版集团，2015 年版。

19. 孟捷：《马克思主义经济学的创造性转化》，北京：经济科学出版社，2001 年版。

20. 宋则行、樊亢：《世界经济史》，北京：经济科学出版社，1993 年版。

21. 孙承叔：《当代中国马克思主义理论与现实问题》，北京：人民出版社，2012 年版。

22. 孙承叔：《资本与社会和谐》，重庆：重庆出版社，2008 年版。

23. 王逸舟：《全球化时代的国际安全》，上海：上海人民出版社，1999 年版。

24. 王小强：《投机赌博新经济》，香港：大风出版社，2007 年版。

25. 王晓光主编：《货币银行学》，北京：北京理工大学出版社，2016 年版。

26. 汪宗田：《马克思主义制度经济理论研究》，北京：人民出版社，2014 年版。

27. 向松祚：《新资本论》，北京：中信出版社，2015 年版。

28. 朱云汉：《高思在云》，北京：中国人民大学出版社，2015

年版。

29. 张雄：《2006 · 资本哲学专辑》，北京：社会科学文献出版社，2007 年版。

30. 《中国统计年鉴—2019》。

二、中文译著

1. ［英］安格斯 · 麦迪森著，伍晓鹰、许宪春、叶燕斐、施发启译：《世界经济千年史》，北京：北京大学出版社，2003 年版。

2. ［加拿大］埃伦 · M. 伍德著，王恒杰、宋兴无译：《资本的帝国》，上海：上海译文出版社，2006 年版。

3. ［美］保罗 · 斯威齐著，陈观烈、秦亚男译：《资本主义发展论——马克思主义政治经济学原理》，北京：商务印书馆，2017 年版。

4. ［美］查尔斯 · P. 金德尔伯格、［美］罗伯特 · Z. 阿利伯著，朱隽、叶翔、李伟杰译：《疯狂、惊恐和崩溃——金融危机史》，北京：中国金融出版社，2017 年版。

5. ［英］大卫 · 哈维著，张寅译：《资本的限度》，北京：中信出版社，2017 年版。

6. ［英］大卫 · 哈维著，初立忠、沈晓雷译：《新帝国主义》，北京：社会科学文献出版社，2009 年版。

7. ［英］大卫 · 哈维著，王钦译：《新自由主义简史》，上海：上海译文出版社，2016 年版。

8. ［英］大卫 · 哈维著，阎嘉译：《后现代的状况——对文化变迁之缘起的探究》，北京：商务印书馆，2013 年版。

9. ［美］大卫 · 施韦卡特著，黄瑾译：《超越资本主义》，北京：社会科学文献出版社，2015 年版。

10. ［美］道格拉斯 · C . 诺斯著，厉以平译：《经济史上的结构与变革》，北京：商务印书馆，1992 年版。

11. ［英］戴维 · M. 沃克著，北京社会与科技发展研究所组织翻译：《牛津法律大辞典》，北京：光明日报出版社，1988 年版。

12. ［美］丹尼尔·贝尔著，严蓓雯译：《资本主义文化矛盾》，北京：人民出版社，2010 年版。

13. ［俄］杜冈－巴拉诺夫斯基著，张凡译：《周期性工业危机》，北京：商务印书馆，1982 年版。

14. ［比利时］厄尔奈斯特斯特·曼德尔著，马清文译：《晚期资本主义》，黑龙江：黑龙江人民出版社，1983 年版。

15. ［德］贡德·弗兰克著，刘北成译：《白银资本》，北京：中央编译出版社，2013 年版。

16. ［英］I. 梅扎罗斯著，郑一明译：《超越资本（上）》，北京：中国人民大学出版社，2003 年版。

17. ［英］I. 梅扎罗斯著，郑一明译：《超越资本（下）》，北京：中国人民大学出版社，2003 年版。

18. ［英］卡尔·波兰尼著，冯钢、刘阳译：《大转型：我们时代的政治与经济起源》，浙江：浙江人民出版社，2007 年版。

19. ［苏］列宁著，中共中央马克思恩格斯列宁斯大林著作编译局译：《列宁选集》，北京：人民出版社，2012 年版，第 2 卷。

20. ［德］鲁道夫·希法亭著，福民等译：《金融资本》，北京：商务印书馆，1997 年版。

21. ［美］罗伯特·特里芬著，陈尚霖、雷达译：《黄金与美元危机——自由兑换的未来》，北京：商务印书馆，1997 年版。

22. ［德］罗莎·卢森堡著，彭尘舜、吴纪先译：《资本积累论》，北京：生活·读书·新知三联书店，1959 年版。

23. ［德］罗莎·卢森堡著，柴金如等译：《资本积累——一个反批判》，载卢森堡、布哈林《帝国主义与资本积累》，黑龙江：黑龙江人民出版社，1982 年版。

24. ［美］罗伯特·布伦纳：《全球动荡的经济学》，北京：中国人民大学出版社，2012 年版。

25. ［美］罗伯特·基欧汉、［美］约瑟夫·奈著，门洪华译：《权力与相互依赖》，北京：北京大学出版社，2002 年版。

26. ［美］罗伯特·L. 海尔布隆纳著，马林梅译：《资本主义的本质与逻辑》，北京：东方出版社，2013 年版。

27. ［德］马克思、恩格斯著，中共中央马克思恩格斯列宁斯大林著作编译局译：《共产党宣言》，北京：中央编译出版社，2018 年版。

28. ［德］马克思著，中共中央马克思恩格斯列宁斯大林著作编译局译：《资本论》，第 1 卷，北京：人民出版社，2004 年版。

29. ［德］马克思著，中共中央马克思恩格斯列宁斯大林著作编译局译：《资本论》，第 2 卷，北京：人民出版社，2004 年版。

30. ［德］马克思著，中共中央马克思恩格斯列宁斯大林著作编译局译：《资本论》，第 3 卷，北京：人民出版社，2004 年版。

31. ［德］马克思著，中共中央马克思恩格斯列宁斯大林著作编译局译：《马克思恩格斯全集》，第 12 卷，北京：人民出版社，1962 年第 1 版。

32. ［德］马克思著，中共中央马克思恩格斯列宁斯大林著作编译局译：《马克思恩格斯全集》，第 30 卷，北京：人民出版社，1995 年第 2 版。

33. ［德］马克思著，中共中央马克思恩格斯列宁斯大林著作编译局译：《马克思恩格斯全集》，第 31 卷，北京：人民出版社，1998 年第 2 版。

34. ［德］马克思著，中共中央马克思恩格斯列宁斯大林著作编译局译：《马克思恩格斯选集》，第 1 卷，北京：人民出版社，1995 年第 2 版。

35. ［德］马克思著，中共中央马克思恩格斯列宁斯大林著作编译局译：《马克思恩格斯选集》，第 2 卷，北京：人民出版社，1995 年第 2 版。

36. ［德］马克思、恩格斯著，中共中央马克思恩格斯列宁斯大林著作编译局译：《马克思恩格斯文集》，第 3 卷，北京：人民出版社，2009 年版。

37. ［德］马克思、恩格斯著，中共中央马克思恩格斯列宁斯大林著作编译局译：《马克思恩格斯文集》，第 8 卷，北京：人民出版社，2009 年版。

38. ［德］马克思·韦伯著，胡长明译：《世界经济史纲》，北京：人民日报出版社，2007 年版。

39. ［美］米尔顿·弗里德曼著，张建敏译：《货币的祸害》，北京：中信出版社，2016 年版。

40. ［法］米歇尔·波德著，郑方磊、任轶译：《资本主义的历史：从 1500 年至 2010 年》，上海：上海辞书出版社，2011 年版。

41. ［英］迈克尔·雅各布斯、玛丽安娜·马祖卡托编著，李磊等译：《重思资本主义》，北京：中信出版社，2017 年版。

42. ［美］迈克尔·哈特、［意］安东尼奥·奈格里著，王行坤译：《大同世界》，北京：中国人民大学出版社，2016 年版。

43. ［比］欧内斯特·曼德尔著，南开大学国际经济研究所译：《资本主义发展的长波——马克思主义的解释》，北京：商务印书馆，1998 年版。

44. ［法］让－雅克·朗班著，车斌译：《资本主义新论》，北京：东方出版社，2015 年版。

45. ［法］让·鲍德里亚著，刘成富、全志钢译：《消费社会》，南京：南京大学出版社，2014 年版。

46. ［英］苏珊·斯特兰奇著，李红梅译：《赌场资本主义》，北京：社会科学文献出版社，2000 年版。

47. ［斯洛文尼亚］斯拉沃热·齐泽克著，蓝江译：《资本主义的内在限制》，北京：人民出版社，2011 年版。

48. ［法］托马斯·皮凯蒂著，巴曙松等译：《21 世纪资本论》，北京：中信出版社，2014 年版。

49. ［美］托马斯·弗里德曼著，何帆、肖莹莹、郝正非译：《世界是平的》，湖南：湖南科学技术出版社，2017 年版。

50. ［德］尤尔根·哈贝马斯著，李黎、郭官义译：《作为“意识形态”的技术与科学》，上海：学林出版社，1999 年版。

51. ［美］维克托·D. 利皮特著，刘小雪、王玉主等译：《资本主义》，北京：中国社会科学出版社，2012 年版。

52. ［美］约翰·贝拉米·福斯特著，耿建新译：《生态危机与资本主义》，上海：上海译文出版社，2006 年版。

53. ［美］约翰·S. 戈登著，祁斌译：《伟大的博弈》，北京：中信出版社，2011 年版。

54. ［德］约瑟夫·福格尔著，史世伟、赵弘、张凯译：《资本的幽灵》，北京：中国法制出版社，2014 年版。

55. ［日］伊藤·诚、［希］考斯达斯·拉帕维查斯著，孙刚、戴淑艳译：《货币金融政治经济学》，北京：经济科学出版社，2001 年版。

56. ［美］约瑟夫·熊彼特著，何畏、易家详等译：《经济发展理论——对于利润、资本、信贷、利息和经济周期的考察》，北京：商务印书馆，2011 年版。

三、外文原著

1. Aglietta M, “A Theory of Capitalist Regulation”, London and New York: Verso, 1987.

2. Alan Greenspan, “The Map and the Territory: Risk, Human Nature and the Future of Forecasting”, The Penguin Press, 2013.

3. Berch Berberoglu, “Globalization of Capital and the Nation-State: Imperialism, Class Struggle, and the State in the Age of Global Capitalism”, Rowman & Littlefield Publishers, 1970.

4. Fred Moseley, “Money and Totality: A Macro-Monetary Interpretation of Marx’ s Logic in Capital and the End of the ‘Transformation Problem’”, The Netherland: Koninklijke Brill nv, 2015.

5. Garry Leech, “Capitalism: A Structural Genocide”, London and New York: Zed Books, 2012.

6. Gerhard Mensch, Stalemate in Technology, Cambridge: Ballinger Publishing Company, 1979.

7. Gerard Dumenil, Dominique Levy, The Crisis of the Early 21st Century: A Critical Review of Alternative Interpretations, 2011.

8. Hilton L. Poot, "Capital and Collusion: The Political Logic of Global Economic Development", Princeton University Press, 2006.

9. Harold Brown: Thinking about National Security, Westview Press, 1983.

10. Institutional Economics in France and Germany: German Ordoliberalism versus the French Regulation School, Berlin: Springer, 2001.

11. Mandel, Late Capitalism, London: Verso, 1975.

12. Peter Mangold, National Security and International Relations, London: Routledge, 1990.

四、文献资料

1. 白暴力:《过量发行与贬值的财富转移效应》,《汉江论坛》,2009 年第 12 期。

2. 程恩富、鲁保林、俞使超:《论新帝国主义的五大特征和特性——以列宁的帝国主义理论为基础》,《马克思主义研究》,2019 年第 5 期。

3. 程恩富:《资本主义和社会主义怎样利用股份制》,《经济学动态》,2004 年第 10 期。

4. 崔学东:《当代资本主义危机是明斯基式危机,还是马克思式危机》,《马克思主义研究》,2018 第 9 期。

5. 车玉玲:《资本的宗教性质与人的精神危机》,《苏州大学学报》,2009 年第 2 期。

6. 陈学明:《当今中国人究竟应当如何看待资本》,《晋阳学刊》,2008 年第 4 期。

7. 陈卫东、张兴荣、熊启跃、原晓惠：《中国银行业对外开放：发展、影响与政策》，《金融监管研究》，2018 年第 10 期。

8. 大卫·哈维：《新帝国主义“新”在何处?》，《国外理论动态》，2017 年第 7 期。

9. 大卫·科茨，田方萌译，孟捷译审：《法国调节学派与美国积累的社会结构学派之比较》，《西北大学学报（哲学社会科学版）》，2018 年第 48 卷，第 5 期。

10. 郭隆隆：《举世瞩目的海湾危机——评伊拉克入侵科威特事件》，《国际展望》，1990 年第 16 期。

11. 高攀、江涌：《从美国金融危机看金融资本对治权主权的渗透和干预》，《华北电力大学学报（社会科学版）》，2019 年第 1 期。

12. 何自力：《制度优势为中国经济保驾护航》，《环球时报》，2019 年 9 月 29 日第 7 版。

13. 黄河：《资本扩张的悖论及其解决路径》，《现代经济探讨》，2009 年第 7 期。

14. 胡亚军：《金融资本的实质》，《金融教育研究》，2015 年第 5 期。

15. 胡海峰：《对法国调节学派及其理论的分析》，《教学与研究》，2005 年第 3 期。

16. 江时学：《阿根廷危机的来龙去脉》，《国际经济评论》，2002 年第 1 期。

17. 江振鹏、李天宇：《跨境污染与地方治理困境：以印尼政府烟霾应对为例》，《南洋问题研究》，2017 年第 2 期。

18. 贾根良：《法国调节学派制度与演化经济学概述》，《经济学动态》，2003 年第 9 期。

19. J. B. 福斯特、R. U. 麦克切斯尼、K. J. 约恩纳，张慧鹏译：《全球劳动力后备军与新帝国主义》，《国外理论动态》，2012 年第 6 期。

20. 蒯正明：《论新帝国主义的资本积累与剥削方式》，《马克思主义研究》，2013 年第 12 期。

21. 鲁品越、王珊：《论资本逻辑的基本内涵》，《上海财经大学学报》，2013 年第 15 期。

22. 罗良清、龚颖安：《从国民核算视角再认识虚拟经济》，《统计与决策》，2010 年第 11 期。

23. 李国平、周宏：《金融资本主义全球化：实质及应对》，《马克思主义研究》，2014 年第 5 期。

24. 李扬、黄金老：《资本流动全球化：90 年代以来的新发展》，《中国城市金融》，2000 年第 4 期。

25. 李国平、周宏：《金融资本主义全球化：实质及应对》，《马克思主义研究》，2014 年第 5 期。

26. 李勇、吴大庆：《资本扩张与市场经济失范行为分析》，《求实》，2014 年第 7 期。

27. 李其庆：《法国调节学派评析》，《中国社会科学》，2004 年第 2 期。

28. 吕守军：《抓住中间层次剖析当代资本主义——法国调节学派理论体系的演进》，《中国社会科学》，2015 年第 6 期。

29. 刘卫东、刘毅、马丽、刘玉：《论国家安全的概念及其特点》，《世界地理研究》，2002 年第 6 期。

30. 刘跃进：《论国家安全的基本含义及其产生和发展》，《华北电力大学学报（社会科学版）》，2001 年第 4 期。

31. 黎永红：《马克思的资本批判及其现实意义》，《社会科学》，2015 年第 12 期。

32. 孟捷：《技术创新与超额利润的来源——基于劳动价值论的各种解释》，《中国社会科学》，2005 年第 5 期。

33. 毛勒堂、高慧珠：《消费主义与资本逻辑的本质关联及其超越路径》，《江西社会科学》，2014 年第 6 期。

34. 盛宏清：《阿根廷经济危机的深层原因与启示》，《当代世界》，2002 年第 6 期。

35. 宋全成：《欧洲难民危机：结构、成因及影响分析》，《德国研究》，2015 年第 3 期。

36. 宋芳秀、李庆云：《美元国际铸币税为美国带来的收益和风险分析》，《国际经济评论》，2006 年第 4 期。

37. 宋国友：《美国政府经济危机转嫁行为评析》，《现代国际关系》，2011 年第 5 期。

38. 田国立：《建立全球治理新格局，寻找前行方向》，《国际金融研究》，2017 年第 1 期。

39. 田文林：《对利比亚战争的战略解读》，《现代国际关系》，2011 年第 12 期。

40. 唐继赞：《伊拉克入侵科威特前后》，《瞭望周刊》，1990 年第 33 期。

41. 唐永、范欣：《技术进步对经济增长的作用机制及效应——基于马克思主义政治经济学的视角》，《政治经济学评论》，2018 年第 9 卷第 3 期。

42. 徐孝明：《第二次石油危机的动因及其影响新探》，《首都师范大学学报（社会科学版）》，2009 年第 4 期。

43. 俞吾金：《资本诠释学：马克思考察、批判现代社会的独特路径》，《哲学研究》，2007 年第 1 期。

44. 杨长江：《略论当代金融资本》，《政治经济学评论》，2015 年第 6 卷第 5 期。

45. 杨国亮：《论资本扩张的历史演变及其在当代的发展》，《当代经济研究》，2006 年第 11 期。

46. 杨伯溆、李凌凌：《资本主义消费文化的演变、媒体的作用和全球化》，《新闻与传播研究》，2001 年第 1 期。

47. 杨楹、周世兴：《论马克思“偶然的个人”》，《哲学研究》，2008 年第 11 期。

48. 袁丽：《论经济全球化与资本扩张》，《海南师范大学学报》，2013 年第 1 期。

49. 严海波：《金融开放与发展中国家的金融安全》，《现代国际关系》，2018 年第 9 期。

50. 银锋、张敏，《当代金融资本霸权确立的原因和条件》，《江西师范大学学报》，2012 年第 12 期。

51. 张红：《美国“占领华尔街”活动暴露了美国社会的根本问题》，《现代商业》，2011 年第 36 期。

52. 张茉楠：《美国金融资本主义危机拉响警报》，《中国财经报》，2011 年 10 月 18 日。

53. 张晨、马慎萧：《新自由主义与金融化》，《政治经济学评论》，2014 年第 5 卷第 4 期。

54. 周丕启：《安全观、安全机制和冷战后亚太地区的地区安全》，《世界经济与政治》，1998 年第 2 期。

55. 赵江：《美国开放式金融保护主义政策》，《国际经济评论》，2002 年第 3 期。

56. 赵涛：《简评当代西方长波学派》，《经济研究》，1987 年第 7 期。

57. 郑小霞：《资本扩张逻辑与经济危机的周期律》，《天府新论》，2009 年第 6 期。

58. 朱同根：《冷战后美国发动的主要战争的合法性分析：以海湾战争、阿富汗战争、伊拉克战争为例》，《国际展望》，2018 年第 5 期。